__________________님께

자신의 꿈과 성공의 희망을 품고

나를 행복으로 이끄는 도전을 통해

진정한 삶의 위대한 행복이 가득하시길 바라며

__________________드림

나를 행복으로 이끄는 도전

나를 행복으로 이끄는 도전

초판 1쇄 인쇄 2008년 8월 11일
초판 4쇄 발행 2010년 6월 10일

지은이_ 안광호
펴낸이_ 전익균

기획_ 송영욱, 임상현
편집장_ 김남희
마케팅_ 오정민   경영지원_ 최예란
디자인_ 이호영   교정, 교열_ 김미화, 김은주, 이미순   일러스트_ 김정진

찍은곳_ 예림인쇄   출력_ 한국커뮤니케이션

펴낸곳_ 에이원북스
주소_ 서울 강남구 역삼동 723-28 영빌딩 1, 2층
전화_ 02-3442-4393~4   팩스_ 02-3442-6771
e-mail_ aonebooks@hanmail.net   홈페이지_ www.assetclass.co.kr
등록번호_ 제16-4043호   등록일자_ 2006. 11. 28

값 10,000원

ISBN 978-89-92873-25-3 (03320)

나를 행복으로 이끄는

도전

• 안광호 지음 •

Contens

Part 3
나의 능력을 올바로 실천하라

Prologue

어느날 인터넷을 검색하다가 흥미로운 제목 하나를 발견했다. '얼룩말의 파워, 사자 익사 시도 후 탈출' 이라는 다소 생소한 사건에 대한 것으로, 영국의 디스커버리 채널에서 방영했던 '사자를 익사시키려 시도했던 얼룩말' 에 관한 기사였다.

별것 아니라고 지나쳐 버릴 수도 있었지만 나는 이미 그 얼룩말이 되어 있었다. 사자가 공격하는 짧은 순간, 얼룩말이 느꼈을 '죽음에의 공포와 두려움', 그럼에도 불구하고 다시 솟구쳤을 '삶의 의지, 도전, 용기' 등에 대해서 깊게 생각해 보았다.

그리고 이것을 현재 우리가 마주하고 있는 상황과 비교하게 되었다. 향후 더욱 심각해질 '초고령화, 고용 불안, 지식 자본화, 무한 경쟁' 등 새로운 사회, 인문, 경제 환경들과 이러한 패러다임의 변화에 따른 우리의 나아갈 길에 대해서도 생각해 보았다.

시대는 빠르게 변하고 우리에게 끊임없이 혁신하기를 요구하고 있다. 그러나 우리들은 어떠한가? 이러한 환경적 변화에 대비하여 준비하고 도전하기보다는 현재의 생활에 안주하거나 걱정만 하고 있다.

기사 속의 얼룩말은 위기의 순간에 '공포와 두려움'을 느꼈지만, 어렸을 때부터 받은 관습적인 교육인 '사자는 백수의 왕'이고 '사자에게 잡혔을 때는 오직 죽음밖에 없다'는 것에 저항했다. 이 얼룩말은 새로운 삶에 대한 의지로 용기를 가지고 사자에 대항한 것이다.

지금 우리는 새로운 시대적 변화에 대해서 두려워하고 불안해하고 있다. 그러나 그 두려움은 얼룩말이 느꼈을 삶 자체에 대한 공포감보다는 개선의 여지가 있는 것이다. 그런데도 우리는 왜 새로운 패러다임에 대해 걱정만 하고 있는가? 왜 삶을 개척하기 위해 도전하지 않는가?

지금의 3, 40대가 노인이 되는 30년 뒤에는 건강에 대한 관심이 증가하고 의학기술이 발달하여 100세까지 사는 사람들이 많이 늘어날 것이라고 한다. 따라서 대부분의 사람들은 50세 이후부터 100세까지 무려 50년간의 노후를 위한 대책을 마련해 놓아야 한다. 그것도 평균 30세에서 50세까지의 20년 동안 말이다.

마냥 넋 놓고 기다리기에는 너무나도 빠르게 사회가 변화하고 있다. 이제는 적극적으로 나서야 할 때다. 시대는 우리들로 하여금 평생의 직업을 가질 것을 요구하고 있다. '100세까지 건강하게 열정적으로 살며, 사회에 기여할 수 있는 일을 찾아라!' 라고 요구하고 있다.

이 책은 급변하는 환경에서 안일하게 살고 있는 대부분의 사람들에게 경각심을 일깨워주고, 우화를 통해 삶의 지혜를 주고자 집필되었다. 두려움, 불안감, 심지어는 공포감에 맞서는 용기, 의지, 열정을 얼룩말 젭을 통해 배워야 한다. 극도의 두려움 속에서도 사자와 맞서야 했던 그 용기는 변화를 준비하는 우리에게 꼭 필요한 것이다.

이 이야기는 거스르기 힘든 환경적 요소인 사자, 그에 맞서는 용감한 얼룩말 젭이 경험하는 자신과의 싸움에 관한 것이다. 긍정적이고 열정적인 리더인 얼룩말 젭의 메시지가 담겨 있다. 새로운 꿈과 성공을 준비하는 이들에게 좋은 자극제와 지침서가 될 것이라 확신한다.

나를 행복으로 이끄는 도전

Part 1

현재 상황을 판단하라

또 다른 의미의 시작, 시련

운명적인 삶의 제빌족

스승 타우와의 만남

또 다른 의미의 시작, 시련

아프리카 세렝게티의 아침은 언제나 강렬하게 이글거리며 불타오르는 태양빛으로부터 시작된다. 마치 거대한 의식을 치르듯이 태양이 떠오르는 그 시간에는 아프리카의 모든 동물들이 경외하는 마음으로 태양을 바라보며 자신에게 새로운 하루가 시작되었음을 감사한다.

평화로운 기운을 가진 수십 마리의 얼룩말들도 아침을 여유롭게 맞고 있다. 태어난 지 3년이 된 얼룩말 젭에게도 강렬한 불덩이의 공연은 언제나 신기하다.

"엄마! 저 불덩이가 땅 위로 솟는 모습은 정말 장관이에요."

"저 불덩이는 '태양' 이라는 위대한 신이란다. 저 신은 우리에게 매일 새로운 아침을 선사하고, 맛있는 푸른 풀들을 자라게 하시지. 그래서 우리는 태양이 떠오를 때마다 감사한단다."

얼룩말 젭과 엄마 수라는 다정한 눈빛을 주고받으며 한가

로운 한때를 보내고 있다. 젭의 아버지는 이곳 얼룩말 부족
인 제빌(Zevill)족의 족장, 라온이다.

제빌족의 풍습에 의하면 다섯 살의 성마가 되었을 때 숫
놈들끼리 결투를 하는데, 이때 승리한 수컷이 현 부족장에
게 도전하여 승리할 경우 새로운 족장으로 추대된다. 힘으
로 상대를 압도해야 하는 것은 물론이고, 족장으로 추대되
기 위해서는 무리의 과반수 이상의 동의를 얻어야 한다. 힘
뿐만 아니라 부족 전체를 이끌 수 있는 통솔력이 족장이 되
는 필수 요건인 것이다.

젭의 아버지는 이러한 절차를 통해서 제빌의 족장으로 추
대되었고, 제빌족 최고의 미인인 수라를 얻을 수 있었다. 수
라 외에도 총 네 마리의 부인을 거느리고 있는데, 각각의 부
인에게서 젭을 포함하여 총 네 마리의 자식들을 두고 있다.
젭의 현재 나이는 세 살이고, 네 마리의 형제들 중에서는 맏
형 격이다.

제빌족은 총 500여 마리인데, 족장인 라온이 항상 앞에서
부족을 통솔한다. 열대 사바나 기후인 세렝게티의 초원에서

라온의 가장 큰 역할은 부족들에게 항상 신선한 풀을 공급하는 것과 사자나 표범으로부터 부족 전체를 안전하게 지키는 것이다.

보통 한 곳에 정착하면 수개월 머물게 되는데, 식량이 바닥이 나기 10일 전부터 라온은 힘센 수컷들을 데리고 새로운 이동지를 찾아 나서는 일을 반복한다. 그리고 부족을 안전하게 보호하기 위해 이동시에는 항상 라온이 선두에서 모든 감각기관을 동원하여 사자와 표범의 동향을 파악한다. 일단 맹수의 움직임이 포착되면, 재빨리 부족 전체에 신호를 보내고 대피 명령을 내린다. 보통 한 달에 한 번 꼴로 부족 중에 두세 마리가 희생되는데, 대부분 노쇠하거나 상처 입은 얼룩말들이다.

부족의 운명을 짊어진 라온이기에 젭은 아버지를 만날 수 있는 날이 많지 않다. 간간이 시간이 날 때만 놀아주기 때문에 젭은 매우 섭섭했다. 하지만 그렇게라도 아버지를 만나는 시간이 다가오면 젭은 한껏 기대에 들뜬다. 엄마 수라도 단란한 시간을 기다리기는 마찬가지다. 동이 트는 아침부터 수라의 얼굴에 생기가 도는 것만 봐도 알 수 있다. 저 멀리서 라온이 달려오면, 언제나 수라와 젭은 반갑게 달려나가 둥글게 한 바퀴 돌면서 환영의식을 치른다.

　아직 세상을 알기엔 어린 젭이지만, 함께 있을 때 라온은 젭을 데리고 태양이 이글거리는 저 지평선 너머까지 달려간다. 그리고 항상 젭에게 이런 말을 한다.

　"우리 귀여운 젭! 너와 많은 시간을 함께하지 못해서 미안하구나."

　"아빠! 엄마가 그러셨어요. 아빠는 가족의 가장이기 이전에 부족장이라고요. 그래서 더 큰 일을 하셔야 하는 분이라고 말씀하셨어요. 저도 그런 아빠가 자랑스러워요."

　"네가 그렇게 생각해 주니 고맙구나. 저 앞의 이글거리는 태양을 봐라! 저 태양은 우리 부족에게 생명과도 같은 존재야. 그리고 뒤돌아보렴. 저곳에는 우리 제빌족이 있어. 아빠는 항상 아침에 떠오르는 태양을 보며, 우리 부족에게 태양과 같은 존재가 되어야겠다고 다짐한단다. 그리고 너도 언젠가는 제빌족의 태양이 되어 그들과 함께했으면 좋겠구나."

　이글거리는 태양의 불꽃이 투영된 아버지 라온의 모습에서 비장감이 느껴졌다.

　"저도 제빌족의 태양이 되기 위해 노력할게요."

"그래! 넌 할 수 있을 거야."

그때 뒤쪽에서 갑자기 커다란 비명소리가 들린다. 라온이 오랜만에 행복한 시간을 보내고 있는 이 아침에 한 무리의 사자 떼들이 부족을 습격한 것이다. 어제부터 낌새가 이상했기에 경비조에게 특별히 경계하라고 이야기를 해두었는데, 오늘 아침에 우려했던 일이 생기고 말았다.

"젭! 빨리 부족으로 돌아가자. 아빠는 사자들을 유인하고 부족의 노인들을 보호해야 해. 젭은 돌아가서 엄마와 함께 빨리 대피하도록 해라."

"네, 그럴게요. 걱정 마세요."

그때 멀리서 수라가 젭을 부르는 소리가 크게 들린다.

"젭! 빨리 돌아오렴."

젭이 걱정된 수라는 다른 얼룩말 무리와 함께 대피하지 않고, 젭이 올 때까지 기다리고 있었다. 이미 다른 얼룩말들은 멀리 도망가고 있었지만, 수라의 눈에는 오직 멀리서 뛰어오는 젭의 모습만이 보일 뿐이었다.

그때 수라의 뒤로 사자 두 마리가 어슬렁거리며 다가오더니 날쌔게 달려들었다.

"히히잉!"

큰 울음소리와 함께 순식간에 사자가 수라의 목을 물고 숨통을 조인다. 목에서는 피가 솟구쳐 오른다. 하지만 수라의 큰 눈망울은 아직도 젭을 향하고 있었다. 이 모든 일을 멀리서 지켜보며 달려오던 젭은 너무 무서워서 더이상 다가갈 수가 없었다. 찬연하게 슬픈 그 눈망울, 그리고 그 눈가에 맺힌 엄마의 이슬과 미소…….

그때 멀리서 라온이 달려와서 수라를 물고 있던 사자의 몸통을 머리로 받았다.

"히히잉!"

그것은 분노로 가득찬 라온의 처절한 울부짖음이었다. 라온의 눈은 이미 불길과 같이 활활 타오르고 있었다. 사자들도 그러한 라온의 분노를 느꼈는지, 쉽게 접근하지 못했다.

"수라! 이러면 안 되잖아! 당신에겐 나와 젭이 있잖아!"

라온의 울부짖음에도 수라는 크고 아름다운 눈망울로 라온을 바라볼 뿐이었다. 그리고 점차 의식을 잃어가는 듯했다.

하지만 여전히 입가에는 잔잔한 미소를 머금고 있었다. 아무 말도 하지 못하지만, 그 눈망울과 미소는 사랑하는 사람과의 짧지만 행복했던 삶에 대한 만족을 나타내는 것이었다. 수라의 목에서는 검붉은 피가 호수처럼 솟구치고 있었다.

그때 또 다른 무리의 사자 떼들이 수라와 라온을 에워싸기 시작했다. 그리고 순식간에 수라와 라온의 살점은 뜯겨져 그들의 굶주린 배에 채워졌다.

멀리 나무 뒤에 숨어서 이 끔찍하고 믿기 어려운 상황을 지켜본 젭은 그만 그 자리에 풀썩 주저앉고 말았다. 다리의 힘이 쭉 빠지면서 도저히 일어설 수가 없었다. 그냥 멍할 뿐이었다. 너무나 짧은 시간에 모든 일이 일어났다. 젭은 그저 넋을 놓고 사자들의 잔치를 지켜볼 수밖에 없었다.

시간이 어느 정도 지나고, 젭은 돌이킬 수 없는 현실을 받아들이기 시작했다. 뜨거운 눈물과 함께 엄마, 아빠와의 추억들이 머릿속을 스쳐 지나간다. 사바나의 초원에서 같이 뛰어놀고 장난치던 가족들, 젭의 아빠이기 이전에 부족장이었던 라온에 대한 사내로서의 존경심, 언제나 늘 가까이서 따스함으로 감싸주었던 엄마 수라의 사랑⋯⋯.

젭의 눈에서 더욱 많은 눈물이 흘렀다.

'이제는 이 세상에 나 혼자란 말인가?'

어디선가 인기척이 들린다. 생각에 너무나 골똘히 잠긴 나머지 누가 다가오는지도 모르고 있었다. 놀라서 뒤돌아보니 제빌족의 최고령자인 지혜로운 세실 할머니였다.

“많이 놀랐지? 이 할미가 저 사자놈들의 밥이 될 차례였는데…….”

세실은 더는 아무 말도 할 수가 없었다.

“저 때문에 엄마와 아빠가 죽음을 당했어요.”

젭은 이 모든 것이 자기 때문인 것 같아 견딜 수 없이 괴로웠다.

“젭! 그게 무슨 말이니?”

“제가 집으로 돌아오기를 기다리다가 엄마가 사자의 밥이 되었고, 엄마를 구하려다 아빠마저 그들에게 당했어요. 이 모든 것이 저 때문이라고요.”

세실은 아무 말 없이 다가가 젭을 안아주었다. 그리고 조용히 젭에게 말했다.

“젭! 그렇게 생각하지 말자꾸나. 이건 누구의 잘못도 아니란다. 상황이 그러했던 것뿐이야. 그리고 이번 일로 죄책감을 가지고 평생을 살아간다면, 그건 오히려 부모님의 죽음을 헛되이 하는 거란다. 부모님이 저 하늘나라에서 네가 어떻게 사는지 지켜보고 계실 거야.”

젭은 혼자 이 세상에 던져진 것 같은 슬픔으로 힘겨웠지만, 세실 할머니의 이야기가 조금이나마 위안이 되었다.

"할머니! 이제 저는 어떻게 되나요?"

"제빌족에는 너와 같은 이유로 고아가 된 어린 얼룩말들이 많이 있단다. 한 달에 두세 마리 꼴로 사자들의 밥이 되니 그럴 수밖에 없지. 그래서 제빌족의 전통대로 공동체에서 이들을 양육을 한단다. 너도 이 시스템에 따라 보살핌을 받을 거야. 물론, 때로는 많이 힘들겠지만 꿋꿋하게 이겨나가야 해. 에고, 나 같은 늙은이가 잡혀갔으면 이런 일들이 없으련만. 쯧쯧."

젭은 금방이라도 울 것 같은 커다란 눈망울을 하고, 세실 할머니를 보며 말했다.

"세실 할머니! 왜 우리는 저 사자들의 밥이 되어야 하나요? 왜 우리는 열흘에 한 번씩 우리 가족, 이웃들을 저들의 밥으로 바쳐야 하나요? 우리가 뭘 잘못했길래 말이에요"

"젭! 그게 바로 자연의 섭리란 거다. 이 열대의 사바나에는 큰 자연의 법칙이 있단다. 신의 섭리라고나 할까? 그게 바

로 약육강식이지. 약한 자는 반드시 강한 자에게 잡아먹히게
되어 있어!"

"왜 제빌족의 얼룩말 전사들이 약하다고 말씀하시는 거
죠? 우리는 엄청난 타격을 가할 수 있는 뒷다리, 누구보다 오
래 달릴 수 있는 튼튼한 다리, 유연하고 강인한 목덜미를 가
지고 있어요. 그런데 왜 사자와 싸워보지도 않고, 사자가 달
려들면 아무 힘도 못쓰고 당하기만 하는 건가요?"

"지금 너의 마음은 충분히 이해한단다. 그리고 우리가 강
하지 않다는 이야기를 하는 게 아니야. 우리는 충분히 강하
지. 하지만 사자는 우리보다 더 강하단다. 사자는 우리의 숨
통을 끊어버릴 만큼 강인한 이빨과 무시무시하고 날카로운
발톱, 그리고 순간적으로 우리를 덮칠 만큼 빠른 발과 적을
단숨에 기절시킬 수 있는 앞다리를 가지고 있어. 그래서 아
무도 사자에게 덤빌 생각을 하지 못하지. 그리고 사자들은
무리를 지어서 사냥을 하니, 우리로서는 힘 한번 써보지도
못하고 저들의 밥이 되는 거란다."

"모두 다 핑계예요! 우리도 뭉치면 강하다구요. 왜 우리

부족에서 가장 지혜로우신 세실 할머니마저 그렇게 체념하라고만 말씀하시는 거예요?"

"젭! 지금은 슬픔과 분노가 교차하는 복잡한 감정이겠지. 그러나 현실을 받아들일 줄 알아야 한단다."

"세실 할머니! 이제 그만하세요. 듣기 싫어요. 히히잉!"

젭은 큰 울음을 한 번 내뱉고는 초원의 끝까지 달리고 또 달렸다.

"모두 거짓말이야. 난 믿지 않아. 우리도 충분히 강하다고. 히히잉!"

처절하게 울부짖으며 힘이 다하는 데까지 달렸다. 저 멀리서 세실 할머니의 목소리가 점점 희미하게 들려왔다.

"젭! 혼자서 가면 위험해! 빨리 돌아오렴."

얼마나 달렸는지 모르겠다. 문득 자리에 서서 주위를 둘러보았다. 아무것도 보이지 않았다. 그냥 끝없이 펼쳐진 넓은 초원뿐이었다. 정말 이 세상에 오직 혼자뿐인 것 같았다.

젭은 소리도 쳐보다가, 가끔은 하늘을 보며 말없이 눈물을 흘리기도 하고, 지치면 그냥 풀밭에 주저앉아 멍하니 허공을 바라보기도 하였다. 지금은 감당하기 힘든 현실에 대한 마음의 정리가 필요하였기에, 제빌족의 철칙인 '혼자 무리를 이탈해서 돌아다니지 말 것' 같은 규칙은 귀에 들어오지 않았다.

'이제는 어디로 가나?'

아무리 생각해 봐도 주위에 갈 만한 곳은 없었다. 싫거나 좋거나 젭은 제빌족의 후손이고 돌아갈 곳은 제빌 부락뿐이었다.

워낙 많이 뛰어온 탓일까? 밤이 되니 추워지고, 주위를 둘러봐도 여기가 어딘지, 제빌족의 무리들은 어디에 있는지 도저히 감을 잡을 수 없었다. 추위와 배고픔, 공포가 밀려들었다.

그때 어디선가 희미하게 젭을 부르는 소리가 들렸다. 세실 할머니의 목소리였다.

"젭, 어디 있니? 젭, 근처에 있으면 대답하려무나."

젭은 반가움과 고마움과 안도감이 교차하여, 세실 할머니를 보자마자 달려가 안겨 엉엉 울기 시작했다.

"할머니! 정말 무서웠고 보고 싶었어요."

“그래, 젭! 여기는 춥고 위험하니 어서 마을로 돌아가자꾸나.”

부족으로 돌아오는 길 내내 젭은 아무 말 없이 걷기만 하였다. 감당하기 힘들 만큼 큰일들이 일어났지만, 젭은 위대한 족장인 아버지 라온이 늘 함께 할 것이라는 생각으로 지금의 고통을 조금이나마 위로받을 수 있었다. 부족으로 돌아오는 길에 아버지가 늘 하시던 말씀이 젭의 귓가에 맴돌았다.

“젭! 너는 제빌의 태양이 되어라!”

평온한 시절

　수라와 젭은 아침부터 분주하다. 젭이 처음으로 제빌족의 일원으로 달리기 훈련에 참가하는 날이기 때문이다.

　얼룩말들은 본능적으로 태어나자마자 걷고 달릴 수 있다. 하지만 사자나 범과 같은 맹수들로부터 자신을 지켜내기 위해서는 더 빨리 달리는 훈련이 필요하다. 그래서 제빌족에서는 어린 얼룩말들을 정기적으로 훈련하여, 그들을 씩씩한 제빌족의 전사로 키워나간다.

　"젭, 이제 너도 전사가 되는 훈련을 받는구나."

　"네. 엄마, 새로운 생활이 많이 기대돼요. 그런데 이렇게 하루하루가 평온한데 이런 훈련이 무슨 의미가 있어요?"

　"그저 눈에 보이는 현재의 편안함에 만족해서는 안 된단다. 우린 사자라는 환경적인 위협을 항상 염두에 두고 대비해야 하는 거야."

　"잘 모르겠어요. 그냥 놀고 싶으면 놀고, 자고 싶으면 자면서 행복해지면 안 되나요?”

“보다 가치 있는 삶을 위해선 미래를 준비해야 한단다. 한 치 앞도 알 수 없는 것이 인생이니까.”

“무슨 의미인지는 잘 모르겠지만, 아무튼 열심히 할게요. 지켜봐 주세요.”

아침 해가 뜨고, 저녁 달이 뜨는 평온한 사바나의 하루 속에서 젭은 앞으로 닥칠 시련을 상상조차 하지 못했다.

　누구에게나 인생을 살아가며 한두 번의 시련은 있게 마련이다. 여기서 중요한 것은 그 시련을 받아들이는 이의 태도다. 시련을 자기를 시험하는 하나의 기회로 삼고 잘 극복한 사람은 내적 성숙과 자신감을 선물받게 되어, 한 단계 더 도약할 수 있는 기반을 갖추게 된다.

　'젊어 고생은 사서도 한다'라는 속담은 젊어서의 시련과 도전을 잘 극복하는 것이 향후 인생의 성공과 삶의 태도에 얼마나 큰 영향을 미치는가를 보여주는 좋은 예이다. 그러나 우리 주변에는 자기의 운명을 비관하고 부정적으로만 생각하며, 결국은 패인의 모습으로 인생을 살아가는 사람도 많이 있다.

　모든 것은 '마음먹기'에 달려 있다. 화엄종의 중심사상 중에 '일체유심조(一切唯心造)'라는 구절이 있다. '일체의 모든 것은 오직 마음이 지어내는 것이다'라는 의미다. 우리가 잘 아는 원효의 이야기는 '일체유심조' 사상을 가장 잘 나타내는 것이다.

　원효가 의상(義湘)과 함께 당나라 유학길에 올랐다. 밤이 깊어 어느 무덤 앞에서 잠을 자다가 목이 말라 물을 마셨는데, 날이 새어 깨어 보니 그 물이 해골에 괸 물이었음을 알았다. 이에 원효는 사물 자체에는 정(淨)도 부정(不淨)도 없고, 모든 것은 오로지 마음에 달려 있음을 크게 깨달았다. 그 길로 유학을 포기하고 돌아왔다.

이렇듯이 '긍정적인 마음먹기'는 인생의 성공에 있어서 가장 중요한 요소이다. 시련은 누구에게는 삶을 살아가는 큰 교훈과 보약이 되는 반면, 다른 누군가에게는 삶을 포기하게 하는 핑계가 되기도 한다.

만약 당신이 주위 환경이나 자기의 운명에 대해 비관하고 불평으로 산다면 주변 사람들은 당신을 피할 것이다. 그러면 더욱 세상과 고립되고 비관하는 삶을 살게 되는, 빈곤과 비관의 악순환이 반복될 뿐이다.

자, 이제부터 이러한 부정적 악순환의 고리를 끊어보자! 오늘부터라도 삶의 태도를 긍정적으로 바꿔보자. "하늘이 나에게 뭔가 큰일을 맡기기 위해 지금 이런 시련을 주는구나. 오히려 감사하는 마음으로 살자. 파이팅!"이라고 말이다. 감사하는 마음으로 생활을 하게 되면 주변 사람들의 시선이 달라질 것이다.

"저 친구 말이야, 어려운 여건 속에서도 정말 열심히 긍정적으로 사는 멋진 친구군."

그런 주위 사람들의 긍정적인 시선이 더해져서 더욱 좋은 인맥들과 긍정적인 교류를 하게 되고, 성공과 꿈을 향한 기회와 지름길을 쉽게 발견할 수 있게 될 것이다. 이처럼 삶에 대한 긍정적인 마음먹기는 인생의 성공을 위해서 꼭 필요한 태도이다.

운명적인 삶의 제빌족

세렝게티의 아침은 강렬한 태양빛으로 시작되었다. 제빌족의 모습은 평온하기만 하다. 주위의 친구들 모두 엄마와 함께 즐겁고 경이로운 모습으로 떠오르는 태양의 안무를 즐기는 듯하다. 달라진 것은 오직 젭밖에 없는 것 같다. 언제나 한결같은 모습으로 떠오르는 태양이 오늘따라 젭에게는 못마땅하기만 하다.

젭은 오늘부터 제빌족의 전통에 따라 위탁양육 체제에 들어가게 된다. 불의의 사고로 부모를 잃어버린 새끼 얼룩말을 어른이 될 때까지, 다른 가족들이 6개월씩 번갈아가며 양육하는 체제이다. 젭의 아버지 라온은 족장의 위치에서 네 마리의 암컷을 거느리고 있었기 때문에, 나머지 세 마리의 암컷들이 젭이 어른이 되는 다섯 살까지 양육 의무를 이행해야 한다.

한편, 제빌족에서는 수컷이 사망할 경우에 남겨진 암컷은 자유롭게 다른 수컷과 가족을 구성할 수 있다. 라온의 남겨진 부인들 모두 제빌족에서 이름난 미인들이었기 때문에, 제빌족의 수컷들 사이에서 몇 달에 걸쳐 목숨을 건 결투가 벌어질 것이다. 특히 라온의 경우는 부족장의 위치에 있었기 때문에, 최종 승자는 부족장까지 승계해야 하므로 제빌족의 수컷들은 벌써부터 서로를 경계하며 신경이 날카로워져 있는 상태이다.

젭은 그동안 부족을 위해 온 정성을 다해서 힘써온 아버지 라온의 죽음에 대한 슬픔이 채 가시기도 전에, 부족 식구들이 자기 갈 길만 찾는 것 같아 많이 섭섭하고 마음 한구석이 휑한 기분이다. 하지만 종족의 보존을 위한 제빌족의 전통이므로 받아들이는 수밖에 없다.

평소 수라와 라온을 사이에 두고, 항상 신경전을 벌이던 둘째 엄마 베라는 한술 더 떠서 수컷들한테 잘 보이기 위해 치장까지 하고 다니니, 참으로 가관이었다.

베라에게는 라온과의 사이에서 태어난 두 살짜리 제루가 있는데, 베라의 성격을 닮아서인지 어릴 적부터 시기심이 강하고 욕심이 많아서 젭과 자주 다투었다. 그런데 젭은 그런 베라 밑에서 6개월을 지내야 한다고 생각하니 마음이 가시

방석이었다. 베라 또한 고아가 된 젭이 예쁘게만 보일 리는 없었다.

아침부터 제빌족의 얼룩말들은 태양빛을 받아서 푸르게 빛나는 초원의 풀들을 마음껏 누리며, 편안한 위치에서 즐겁게 식사를 했다. 베라는 유난히 부산을 떨며 식사를 하고 있다.

"오늘부터 털 관리며 몸매 관리 좀 해야겠어. 그러려면 질 좋은 목초를 매일 먹어야지."

"엄마! 무슨 일 있어요? 왜 오늘부터 특별히 관리해야 해요?"

아무것도 모르는 철부지 제루가 보기에도 엄마의 행동이 이상했다.

"제루! 그렇게 상황 파악이 안 되니? 이 엄마는 2년여 동안 라온의 둘째 부인으로 서러움을 받으면서 너를 키워왔다. 그리고 너도 라온의 사랑을 젭한테 모두 빼앗겼었지? 너는 억울하지도 않니?"

"엄마! 나도 억울하지. 젭만 없었어도 내가 아빠의 사랑을 모두 독차지하는 거였잖아."

"그래, 제루! 이제야 이야기가 좀 되겠구나. 그래서 이 엄마가 다음 번에는 족장이 될 새 아빠의 첫 번째 부인이 되기 위해서 이렇게 노력하는 거란다. 이제 좀 이해가 되겠니?"

"응, 엄마. 듣고 보니 이제야 알겠어요. 제가 도와줄 거라도 있어요?"

"이 엄마가 알아서 할 테니, 잠자코 지켜보기만 해."

젭은 우연히 나무 옆에서 풀을 뜯고 있다가 베라 모자의 이야기를 듣게 되었다. 젭의 눈에서 눈물이 떨어지고 말았다. 슬픔과 분노가 뒤섞여 가슴이 계속 뛰었다. 그렇게 말없이 눈물을 흘리고 있는데 베라가 부르는 소리가 들린다.

"젭! 어디 있니? 얘는 잠시도 한곳에 붙어 있지를 못해요. 도대체 어디로 간 거야? 애고, 지 엄마 성격을 닮았는지 차분하게 지내질 못해요. 젭!"

젭은 애써 눈물을 감추고 베라의 부름에 대답한다.

"베라 아줌마, 저 여기에 있어요."

"너 지금 운 거니? 아침부터 청승맞게 울긴 왜 울어!"

베라는 그동안 수라에게 가지고 있던 시기와 분노심을 젭에게 퍼붓는다.

"이 베라 아줌마가 요즘 상당히 바빠서 말이다. 너도 이제 세 살이니 많이 컸고, 혼자서 맛있는 풀 찾는 법 정도는 알 테니 내가 굳이 돌봐주지 않아도 될 거야. 네가 원한다면 마을의 큰 어르신인 세실 할머니와 같이 지내도 좋을 것 같은데, 네 생각은 어떠니?"

젭도 베라와 같이 지내는 게 별로 내키지 않았기 때문에 오히려 다행이다 싶었다.

"저도 좋아요."

"그래, 엄마 아빠 일은 안됐다만, 너의 운명이니 받아들일 것은 빨리 받아들이렴."

제빌족에서는 스무 살이 넘으면 노인으로 취급을 한다. 대부분 열다섯 살이 넘으면 기력이 떨어져서 사자들의 먹이가 되기 일쑤였기 때문에 스무 살을 넘기는 경우는 거의 없었다.

노쇠한 얼룩말은 자기들이 사자의 제물이 되지 못한 것이

미안해서, 부모가 모두 사자의 먹이가 된 고아 얼룩말들을 어른이 될 때까지 보살피고 있었다. 그중에서도 세실은 25세의 가장 연장자로, 부족장도 중요한 결정을 내릴 때는 그의 경험과 지혜를 존중했다.

제빌족에서 부모를 모두 잃어버린 고아들 가운데 젭의 또래는 사라와 룸바가 있었다. 둘 다 고아가 된 뒤로는 부모의 사랑을 받으며 사는 젭을 멀리했다. 평화롭던 시절의 젭이 보기에는 사라와 룸바가 사자에 대한 극도의 공포와 두려움을 안고 살아가는 것처럼 보였고, 세상 밖으로 나가지 않고 안으로 숨는 것 같아 항상 안타까웠던 친구들이었다. 하지만 이제는 같은 처지가 되어 그들과 함께 지내게 되었다.

아침부터 베라의 이야기로 기분이 안 좋아서 이리저리 혼자 풀밭을 거닐고 있는데, 갑자기 뒤에서 낭랑한 목소리가 들려온다. 사라였다.

"참 안됐어, 젭. 지금 많이 힘들 거야. 그래도 너는 항상 긍정적으로 세상을 살아왔으니 잘 극복할 수 있을 거라 믿어."

“고마워, 사라. 너희들의 마음을 조금이나마 알겠어. 이렇게 일부러 찾아와줘서 고마워.”

“고맙긴, 친구로서 당연히 해야 할 일인 걸. 이제는 어떻게 지낼 거니? 베라 아줌마가 못 돌봐주겠다고 했다던데.”

“벌써 소문이 다 퍼졌구나. 오히려 잘됐어. 그냥 너희들과 함께 세실 할머니와 같이 지내는 게 오히려 나로서도 편해.”

불과 며칠 전만 하더라도 엄마와 아빠 품에서 마냥 어린 아이처럼 뛰어놀았는데, 이제는 아무도 자기를 돌봐줄 사람이 없다는 사실을 다시금 깨닫는다. 이제는 엄마와 아빠 대신에 할머니, 할아버지, 그리고 고아가 된 친구들과 가족처럼 지내야 한다. 사라와 함께 공동체 식구들 쪽으로 다가가니 친구인 룸바가 나와서 반갑게 맞아준다.

“젭!”

그러고는 알 듯 말 듯 묘한 미소를 짓는다. 같은 처지가 된 젭에게 무슨 말이 더 필요하겠는가? 때로는 백 마디의 말보다 한 번의 미소만으로도 모든 것을 말할 때가 있다. 젭과 룸바에게는 지금이 그런 때이다.

"룸바! 이제부터 우리 사이좋게 잘 지내자."

"그래! 친구."

그렇게 공동체 식구들과의 생활이 그럭저럭 한 달여가 지나가고 있었다. 아직은 충격 때문에 잠을 자다가도 놀라서 깰 때도 많지만, 그래도 마음을 공유할 수 있는 공동체 식구들의 도움으로 빨리 회복하고 있었다. 그중에서도 세심하게 챙겨주는 세실 할머니와 사라가 젭에게는 큰 위안이 되었다.

사라의 눈망울은 엄마인 수라의 그것을 유독 닮았다. 그래서 그런지 젭은 사라를 볼 때마다 가슴이 따뜻해짐을 느꼈다.

그 사이 제빌에서는 많은 일들이 있었다. 수컷들과의 싸움에서는 뤼게가 승리하여 족장의 위치를 꿰찼다. 뤼게는 예전에 아버지 라온과도 결투를 한 얼룩말로 힘이 장사였다. 하지만 제빌족의 얼룩말들에게서 존경을 받을 만한 그릇은 못 되었다.

베라 아주머니는 뤼게가 족장이 되자마자 얼른 첫 번째 부인이 되었다. 젭으로서는 그런 베라 아주머니와 제루가 못마땅할 뿐이었다. 한때는 아버지 라온의 사랑을 독차지하기 위해 온갖 교태를 다 부리더니, 이제는 뤼게를 위해서 모든 것을 다 바칠 것처럼 행동하다니. 제빌족의 얼룩말들도 그러한 베라의 행동에 대해 말이 많았다.

이른 아침 초원의 지평선 너머로 떠오른 태양이 불과 얼마되지 않았는데, 벌써 오롯이 제 모습을 하고 강렬하게 세렝게티의 초원을 비춘다. 오늘도 젭은 경건한 자세로 대지

위의 태양을 지켜보고 있다. 예전에는 그냥 떠오르는 태양이었지만, 이제는 태양을 볼 때마다 항상 같이 떠오르는 얼굴이 있다. 바로 아버지 라온의 얼굴이다.

"젭! 너는 제빌의 위대한 태양이 되어라!"

태양을 바라보며 생각에 잠겨 있는데, 사라와 룸바가 말을 건넨다.

"젭! 매일 태양을 보며 무슨 생각을 하는 거야?"

"응! 아무것도 아니야."

"아니긴 뭐가 아니니? 부모님 생각하지?"

젭은 속마음을 들킨 것 같아 갑자기 얼굴이 홍당무처럼 빨개졌다.

"사라! 룸바! 사실은 아버지와 엄마가 돌아가신 날 저녁에 혼자 초원을 헤매면서 많은 생각을 했어. 그리고 결심했어. 다시는 제빌족에 우리와 같은 고아를 만들지 않겠다고."

룸바가 조금은 거슬리는 듯한 말투로 대꾸한다.

"너의 마음은 이해가 되지만, 어떻게 우리 얼룩말들이 사자의 먹이가 되는 것을 막을 수 있겠니? 이제는 현실을 받아들여야 하는 것 아니니? 아니면 영웅심에서 그런 말을 하는 거니?"

"룸바! 세실 할머니와 똑같은 이야기를 하는구나? 왜 시도해 보지도 않는 거지?"

"젭! 이상과 현실은 달라! 우리는 지금까지 사자의 먹이가 되어왔고, 앞으로도 그럴 거야. 매일 아침 태양신이 우리를 비추듯이 그건 자연의 법칙이야."

젭은 사라를 쳐다본다. 사려 깊은 사라는 꽤 망설인 뒤에 어렵게 말을 꺼낸다.

"젭, 너의 마음도 충분히 이해하는데, 룸바의 말이 맞는 것 같아. 모두에게 물어봐도 그건 진실이야. 힘든 것은 알지만 현실을 받아들였으면 해. 사자는 우리보다 강하다고."

"사자가 우리보다 강한 것은 인정해. 날카로운 이빨과 발톱, 상대를 쓰러뜨릴 수 있는 강한 앞발을 가지고 있지. 하지만 우리도 사자 못지않은 많은 장점들이 있어. 우리는 사자보다 훨씬 더 오래 달릴 수 있는 지구력이 있고, 굵은 목에서 나오는 힘도 만만치 않아. 또 우리의 뒷다리는 사자의 앞다리 만큼이나 강력해. 그리고 무엇보다 우리 제빌족 청년들의 숫자는 사자들의 열 배가 넘어. 모두 힘을 합한다면 사자에게 큰 위협이 될 수 있어. 모두 함께 노력하고 경계한다면 사자에게 그렇게 쉽게 우리의 목숨을 내주지 않아도 될 거야."

룸바는 이해할 수 없다는 듯이 고개를 젓는다.

"젭! 많은 얼룩말들이 사자만 보면 다리에 힘이 빠져서 근육이 경직되어 버릴 지경이야. 너도 사자와 직접 맞닥뜨리게 되면 그 공포감과 두려움으로 몸이 굳어버릴 거야."

"그래, 나도 우리 엄마, 아버지의 살점이 사자들에게 찢기고 목에서 솟구쳐 나오는 피를 보는 순간, 무섭고 두려웠어. 하지만 그렇다고 우리의 운명을 받아들이고 체념하기는 싫어. 우리가 사자를 무서워하는 이유는 어릴 적부터 배워온 교육 때문일 수도 있어. 사자가 이 세상에서 가장 무서운 존재라고 말이야. 나는 그런 잘못된 교육을 바로잡고 싶어. 사자가 강하지만 우리 제빌족의 얼룩말들도 충분히 강하고 사자에게 큰 위협이 될 수 있다는 생각을 어릴 적부터 심어주고 싶어. 어린 얼룩말뿐만 아니라 어른 얼룩말 모두에게 말이야."

룸바는 여전히 이해할 수 없다는 듯이 고개를 설레설레 흔든다.

"우리는 아직 어리고, 그런 생각을 다른 어른들한테 말하면 바보 취급만 당할 뿐이야. 그리고 그런 일은 오직 제빌족의 족장만이 할 수 있어. 너의 생각이 맞다고 해도 바꾸기에는 우리는 너무 어리단 말이야."

"뤼게 족장을 찾아가서 내 생각을 말할 거야. 그는 내 말을 귀담아 들어주실 거야."

룸바는 더 이상 참을 수 없다는 듯이 버럭 화를 낸다.

"젭! 제발 그만둬! 다 부질없는 짓이야. 뤼게는 너를 바보 취급할 거야. 그는 너의 아버지인 라온과 예전에 족장이 되기 위해 싸웠던 분이야. 너에 대해서 좋게 볼 리가 없어. 괜히 네가 다칠까 걱정돼! 제발 부탁이니 분란을 만들지 말아줘."

"내 뜻을 왜 그리 모르니? 나는 더는 우리 같은 고아들을 제빌족에서 보고 싶지 않아. 그건 너도 마찬가지지 않니?"

"그래, 나도 마찬가지야. 하지만……, 이제 그만 이야기하자. 더 이야기하는 것은 시간 낭비일 뿐이야. 미안하다. 호응해 주지 못해서."

룸바는 아무 말 없이 공동체 식구들 쪽으로 걸어갔다. 둘의 이야기를 들은 사라가 조심스레 젭에게 다가오며 말을 건넨다.

"젭! 나도 너에게 큰 힘이 못 돼줘서 미안해. 너의 마음은 이해하지만 현실을 인정해야 한다는 룸바의 말이 더 맞는 것 같아."

"사라! 그냥 혼자 있고 싶어. 생각을 정리할 시간이 필요해."

"그래, 좀 쉬렴."

사라가 떠난 뒤, 라온과 수라가 처참하게 사자의 먹이가 되던 그날처럼 젭은 홀로 초원의 풀밭에 앉아서 곰곰이 생각에 잠겼다.

'왜 시도하지도 않고 모두 체념만 하는 것일까? 우리는 언제까지 사자나 표범의 먹이가 되어야 하는 걸까? 다시는 나

와 같은 어린 얼룩말이 생기게 해서는 안 된다! 이렇게 소중한 부족 식구들을 잃을 수는 없어!'

생각이 여기에 미치자, 젭은 용기를 내어 새로 족장이 된 뤼게를 찾아가기로 결심하였다.

'뤼게가 비록 우리 아빠와 사이가 좋지는 않았지만, 그래도 이제 제빌족의 족장이 되었으니 내 이야기를 귀담아들어주실 거야.'

뤼게는 중앙의 큰 나무 그늘 아래에서 어느 때보다 근엄한 자세로 앉아 있었다. 젭은 용기를 내어 뤼게에게 다가갔다.

"뤼게 족장님! 저 젭이에요."

뤼게는 사뭇 놀라는 표정으로 젭을 쳐다보았다.

"젭! 오랜만이다. 그런데 여기는 무슨 일이냐?"

젭은 그동안 세실 할머니와 룸바에게 이야기했던 제빌과 제빌족에 뿌리 깊게 이어진 운명론에 관한 내용과 부족에 대한 자신의 생각들을 이야기하기 시작했다.

이야기를 듣던 뤼게는 점차 눈을 치켜뜨며, 분노로 얼굴이 일그러졌다.

"이놈이 지 아비를 닮아서 시건방진 소리만 하고 있구나! 아직 어린 것이, 부족에 대해서 잘 알지도 못하는 녀석이, 족장의 일에 간섭을 하려 들어! 족장의 이름으로 큰 벌을 내리기 전에 당장 물러가거라!"

"족장님! 그런 뜻이 아닙니다. 저는 단지 부족을 사랑하는 마음에서 말씀드린 겁니다. 족장님이 부족의 얼룩말들에게 희망을 주실 수 있습니다. 부디 제빌족 얼룩말들에게 운명에 맞설 수 있는 용기와 열정을 주십시오. 족장님만이 하실 수 있습니다."

이때 베라가 나타나서 무슨 일인지 다정하게 뤼게에게 물어본다. 베라가 뤼게에게 잘 보이기 위해 별짓을 다한다는 소문을 들었는데, 사실로 확인되는 순간이었다. 라온이 죽은 지 한 달도 안 되었는데, 베라의 이런 행동을 보니 마음속에서는 분노가 치밀어 올랐다. 하지만 지금은 개인적인 감정을 내세울 때가 아니다. 젭은 진심으로 제빌족을 사랑하는 마음에서 다시 한 번 뤼게에게 자기의 생각을 말했다.

이번에는 베라까지 가세하여 젭에게 호통을 친다.

"어린 녀석이 족장님을 가르치려 하다니, 나쁜 녀석! 수라가 그렇게 가르치던!"

젭도 이제는 참을 수가 없었다. 돌아가신 엄마를 욕되게 하는 베라를 용서할 수 없어서, 분노가 이글거리는 눈으로 베라를 쳐다보았다.

베라가 귓속말로 뤼게에게 뭔가 이야기를 하자, 뤼게의 얼굴이 심하게 일그러진다.

"이 고얀 녀석이 나를 사자의 밥으로 만들려고 작정을 했구나. 너의 아버지 라온이 사자의 밥이 되고 내가 족장이 되니 그게 못마땅한 게로구나. 온갖 잔꾀를 내어 나를 죽음으로 몰고 가려 하다니! 족장의 이름으로 오늘부터 너를 제빌족에서 추방한다. 오늘 밤 달이 뜰 때까지 제빌족을 떠나지 않으면 제빌족의 이름으로 내가 너를 처형하겠다."

젭은 정신을 가다듬고 뤼게에게 이야기했다.

"뤼게 족장님! 크게 오해하고 계십니다. 눈앞의 간사한 말들을 물리치시고, 제발 우리 제빌을 위한 큰 뜻을 세우십시오."

"이놈이 그래도 오만하게 대들고 있구나! 당장 꺼지지 못할까!"

뤼게는 힘은 셀지 모르나 현명하지 못했다. 앞으로 제빌족의 운명이 심히 걱정되었다.

"할 수 없네요. 그럼, 저는 제빌족을 떠나겠습니다. 비록 지금은 이곳을 떠나지만, 제 마음은 언제나 제빌족과 함께 있습니다. 그리고 언젠가는 꼭 돌아오겠습니다. 그래도 마지막으로 간절히 부탁드립니다. 저의 말을 한 번쯤은 깊이 생각해 주십시오."

베라가 옆에서 또 한마디 거든다.

"아니! 무슨 애가 저리 고집이 세담. 꼭 저희 엄마를 닮아 가지고 말이야! 족장님 심기 불편하실 테니 다시는 돌아올 생각하지 마라!"

"저는 반드시 돌아옵니다. 반드시!"

젭은 뒤돌아 나오며 다짐했다.

'큰소리는 쳤지만, 어디로 가야 한다?'

젭은 눈앞이 캄캄했다. 소문을 듣고 룸바와 사라, 세실 할머니가 놀란 얼굴로 달려왔다.

"아니! 젭! 네가 우리 제빌족에서 추방되었다고 하는데, 그게 무슨 소리냐?"

세실 할머니는 혀를 끌끌 차며 말씀하셨다.

"젭! 네가 너무 성급했구나. 뤼게 족장이 그렇게 배포가 큰 인물이 아니란 것을 미리 간파했어야지. 너의 순수한 의견을 그대로 받아들일 만큼 지혜롭지 않단다."

룸바도 한마디 거든다.

"내가 그렇게 찾아가지 말라고 했지? 이제 어떡하니?"

젭은 그냥 룸바를 보며 빙긋이 웃는다.

"비록 나와 생각은 다르지만 많이 걱정해 주는 네 마음 알아, 친구. 그래서 더 고마워. 그리고 이렇게 되었지만 하고 싶은 이야기를 해서 후련하다."

"바보 같은 녀석!"

룸바는 나오려는 눈물을 보이기 싫어서 저 초원 너머로 달려갔다. 세실 할머니가 걱정이 되어 룸바를 부르며 달려간다. 이제 젭과 사라, 둘만 남겨졌다. 젭이 먼 허공을 보며 말했다.

"사라! 나 참 바보 같지? 굳이 이야기 안 해도 되는데 이런 분란만 만들었네."

한참을 기다려도 사라는 아무 말이 없다. 젭 역시 아무 말 없이 사라를 쳐다본다. 사라의 커다랗고 맑은 두 눈에서 눈물이 떨어진다. 사라의 눈물은 우정 이상의 것이었다.

엄마 수라처럼 맑고 순수한 눈을 가진 사라에게 젭은 처음부터 애틋한 감정을 가지고 있었다. 사라도 마찬가지였다. 사실 예전부터 젭을 좋아했지만, 일찍 고아가 된 사라는 감히 용기를 내어 젭과 친하게 지내지 못했다. 스스로 벽을 만들었던 것이다. 둘 모두 그러한 마음을 가지고 있었기에 짧은 시간이었지만 애틋한 마음은 더욱 커졌다.

"나는 떠나지만 언제나 마음은 제빌족에 있어. 반드시 돌아올 거야. 나의 아버지이자 위대한 제빌족의 족장이셨던 라온처럼 씩씩한 얼룩말이 되어 반드시 돌아올 거야."

"나는 네가 무사하기만 바래. 위험한 초원에서 혼자 어떻게 지내려고 하니?"

사라는 금방이라도 울음이 터질 것 같은 마음을 간신히 억누른 채 말한다.

"사라! 걱정마! 나는 반드시 살아서 돌아올 거야. 나에게는 제빌족 말고도 살아 돌아와야 할 이유가 생겼어. 바로 사라 너 때문이야. 늠름한 성마의 모습으로 돌아와서 너에게 청혼을 할 거야. 그러니 너무 걱정 말고 나를 기다려 줄 수 있지?"

사라는 아무 말 없이 천천히 고개를 끄덕인다.

"무사하기만을 빌게. 그리고 네가 돌아올 그날만 생각하며 기다릴게."

노을이 붉게 타오르고 있다. 젭과 사라는 아무 말 없이 지평선 끝자락에 펼쳐진 노을을 바라보고 있다. 이제 아무 기약도 없이 헤어지는 두 얼룩말. 앞으로 만날 수 있을지 장담할 수 없음을 서로가 잘 알기에, 어쩌면 이것이 둘이 함께하는 마지막 태양의 향연이 될 수도 있음을 알기에 비장한 분위기다.

긴 침묵을 사라가 조용히 깬다.

"오늘 중으로 떠나야 한다며? 초행길이라 밤에 떠나는 것은 위험할 것 같아. 아직 어둑해지려면 시간이 좀 있으니까 지금 떠나는 것이 좋을 것 같아."

"그렇게 할게. 난 꼭 돌아와. 그러니 걱정 마. 알았지?"

사라는 애써 미소 지으며 고개를 끄덕인다.

"사라! 사랑해!"

젭은 그 한마디 말만을 남긴 채 제빌족과 사라를 뒤로하고 무작정 앞만 보고 달려간다. 정해진 곳도 없이 무작정 미지의 초원으로 달려간다. 늠름한 성마로 성장하여 제빌족의 태양이 되겠다는 생각과 함께, 마음속에 가득 찬 사라를 위해서 꼭 돌아오겠다고 다짐하면서…….

용기가 필요한 순간

젭은 벌써 몇 시간째, 낮은 언덕 아래 큰 나무 주위를 서성이며, 사라와 룸바가 노는 모습을 지켜보고 있다. 또래 친구 중에서도 유독 눈에 띄는 암컷인 사라에게 말을 걸고 싶은데, 용기가 나지 않는 것이다.

얼마 전 부모가 사자들에게 습격을 당해 고아가 된 사라는, 그 이후 부모가 있는 다른 친구들을 멀리하기 시작했다. 그리고 고아 친구인 룸바하고만 어울릴 뿐, 아직도 충격에서 헤어나지 못한 것 같았다. 젭은 친구로서 위로를 하고 싶은데, 혹시나 괜한 동정을 한다고 오해할 수도 있을 것 같아 망설여졌다.

한편, 사라도 젭에게 말을 걸고 싶기는 마찬가지다. 그러나 자신의 처지를 생각하니 한숨만 나오고, 세상에 돌봐줄 사람이 아무도 없는 고아라는 생각에 슬프기만 하다.

젭은 용기를 내어 겨우 말을 걸었다.

“사라, 저기 좋은 풀숲을 발견했는데 구경가지 않을래?”

“난, 그냥 좀 쉬고 싶은데…….”

사라는 마음과 달리 젭을 멀리했다. 젭은 서운했지만 그래도 한 번 더 권했다.

“우리 같은 어린 얼룩말들은 열심히 뛰어다니고 좋은 풀을 많이 먹어야 건강하게 자란다고, 우리 엄마가 말씀하셨어.”

아차! 여기서 ‘엄마’라고 말하면 사라가 또 엄마 생각이 날 텐데, 젭은 아차 싶었다. 그래서 스스로 머리를 쥐어박는 시늉을 했다. 다행히 사라는 살포시 웃으며 말한다.

“그래, 젭. 너는 좋은 풀을 많이 먹고 훌륭한 제빌의 전사가 되어야지.”

“그럼, 함께 가는 거다.”

“어, 뭐야. 너희 둘만 좋은 풀을 먹겠다는 거야.”

룸바가 심통이 났는지 둘의 말을 가로챈다.

“하하하, 아니야. 모두 함께 가자.”

이렇게 셋은 초원을 뛰어다니며 한가로운 한때를 보냈다.

'역시, 말을 걸길 잘했어.'

작은 용기였지만, 젭에게는 큰 행복으로 다가왔다.

전 세계는 인터넷 및 IT의 신경제에 의해 급격하게 변화하고 있다. 이러한 변화와 더불어 한국도 사회·문화적으로 큰 변혁기를 맞고 있다. 대표적인 것으로 '첫째, 고용환경의 급격한 변화, 둘째, 평균수명 증가에 의한 고령화 및 초고령화 사회로의 전환, 셋째, 세계 최고의 저출산율 및 그에 따른 인구 변화, 넷째, 인터넷 및 IT 신기술의 발전, 다섯째, 중국의 급부상'을 꼽을 수 있다.

이 중에서 현재 개인의 삶에 가장 큰 영향을 미치는 것으로 조기은퇴 등 고용환경의 변화, 평균수명의 증가, 중국 및 인도의 급부상 등이 있다. 특히, 고용환경 변화와 초고령화 사회로의 전환은 심각한 수준이다. 30년 전만 하더라도 65세 정년을 채우고 은퇴하며, 은퇴 후 자기의 인생을 정리하면서 생을 마감하는 것이 보편적이었다. 고용 불안정에 따른 위기와 노후 준비는 별 문제가 되지 않았다.

하지만 지금은 어떠한가? 대부분의 직장인들은 40대 중반에 첫 번째 직장을 그만두고, 10년 정도 두 번째 직장에서 일을 하다가, 영구히 경제활동을 그만두게 된다. 더욱 심각한 것은 인도와 중국의 경제적 발전과 교육열 등으로 인해 저임금의 고급인력들이 국내 노동시장에 투입되고 있어서, 퇴직 시기는 더 앞당겨질 수밖에 없다는 것이다. 이런 위기 상황에서 대부분의 직장인들은 단지 불안해할 뿐 변화하지 않는다. 그 이유를 몇 가지로 요약해 보았다.

변화하지 않는 직장인

첫째는, 우리 사회의 인문학적인 환경을 들 수 있다.

'모난 돌이 정을 맞는다'는 말처럼 사람들은 자기와 다르거나 유별난 사람을 싫어한다. '좋은 게 좋은 거'라는 생각으로 그럭저럭 주변 사람들에게 맞춰가며 살아가고자 한다. 대부분의 사람들이 변화의 필요성은 알고 있지만, 소수의 '반란자'들로 인해 자기의 고민거리가 늘어나는 것을 반기지 않는 것이다. 그래서 소수의 반란자를 자기들의 세계로 끌어들이고 싶어 한다. 그렇게 해야 마음이 편해지기 때문이다. 그리고 이러한 집단의식을 강요하는 사회적 분위기 때문에 혼자서 변화하고 준비하는 것이 힘든 것이다.

둘째는, 일반인들의 가장 무서운 고질병인 '그럭저럭 안주해 버리는 습관'이다.

좋아하지 않는 일을 하면서도 무기력하게 직장생활을 하며 안주하는 나약함을 보인다. 그것은 서서히 자신을 더욱 나약하고 무기력한 바보로 만들어 버리는 무서운 병이다.

셋째는, 가장 근본적인 원인으로 바로 '자기 자신'이다.

주변 사람들의 회유에 설득당하는 것도 변화에 대한 두려움을 합리화하는 자기 위안일 뿐이다. 인간이 변화를 꺼리는 근본적인 이유는 무엇일까? 그것은 바로 '실패에 대한 두려움' 때문이다. 이것은 어린 시절부터 받아온 잘못된 교육에서 비롯된다. 우리는 가정과 학교에서 '실패는 패배이고 인생에 있어 낙오다'라는 교육을 받아왔다. 그러나 실패는 결코 끝이 아니다. 100번을 실패하더라도 101번 일어설 수 있다면, 실패는 성공을 위한 자양분이자 한 번의 시행착오일 뿐이다.

긍정적으로 생각하라

어둠이 깊어질수록 새벽이 가까워진다는 말처럼 실패를 많이 하면 할수록 성공에 더욱 가까워진다. 인생의 가장 큰 패배는 실패가 두려워 아무것도 하지 않는 것이다. 이승에서 주어진 삶을 살고 떠날 때 자신의 모습을 상상해 보라. 그때 스스로에게 어떤 말을 하고 싶은가.

저자는 "참 좋은 인생이었어. 하고 싶은 일을 하면서 열정적으로 멋지게 살아왔어. 다시 태어나도 이렇게 후회 없이 살고 싶어. 나와 같은 꿈을 가진 사람들과 인생을 즐기며 아주 행복했어."라고 말하며, 따뜻한 미소를 짓고 싶다. 그리고 묘비에는 이런 글이 새겨지길 바란다.

'일생을 꿈과 희망을 가지고 자기가 진정으로 좋아하는 일을 하며 열정적으로 살다간 사람, 그 열정으로 인해 우리를 들뜨고 기쁘게 했던 사람, 당신으로 인해 우리 모두 행복하고 가슴 따뜻한 나날이었습니다.'

– 당신의 가족과 친구로부터

여러분의 묘비에 어떤 글이 새겨지길 바라는가? 그것은 바로 여러분의 몫이다.

스승 타우와의 만남

고요함마저 스산한 어두운 밤이다. 젭은 혼자서 한참을 걸었다. 두려움 같은 감정이 젭에게는 오히려 사치인 듯, 머리에서 떠나지 않는 생각들로 어디인지도 모르는 먼 길을 걷고 있다. 그냥 멍하니 걸을 뿐이다.

'자랑스런 아버지이자 제빌족의 위대한 족장인 라온과 엄마 수라의 죽음, 라온의 둘째 부인이었던 베라의 시기와 배신, 무능력하고 의심이 많은 새 족장 뤼게, 그에게 충언을 했다가 추방당하고, 그래도 따뜻하게 감싸주었던 세실 할머니와 젭이 살아가는 큰 이유가 된 가녀린 사라…….'

짧은 시간에 젭에게 일어났던 이 모든 일들이 아직도 감당하기 힘들었다. 지쳐 쓰러질 때까지 걷고 싶었다. 얼마를 걸었는지 모른다. 정말 이 세상에 혼자라는 생각이 들었다. 주위를 둘러보았다. 드넓은 세렝게티 초원의 끝은 어디인가? 밤하늘의 별들과 달빛, 초원, 그리고 젭뿐이었다. 갑자기 피로가 물밀듯이 밀려왔다.

초원에 당당히 서 있는 이름 모를 큰 나무 아래에 털썩 주저앉았다. 갑자기 졸음이 쏟아졌다. 큰 눈을 껌벅이며 별빛을 보는가 싶더니 이내 스르르 잠들었다.

엄마 수라의 품은 따뜻했다. 엄마가 부드러운 혀로 젭의 머리를 가지런히 정리해 주고 있었다. 엄마는 말없이 누워 있는 젭의 모습을 빙그레 웃으면서 바라보고 있었다. 저 멀리서는 아버지 라온이 젭을 큰 소리로 부르고 있었다.

"젭! 저 초원의 언덕 너머에 뭐가 있는지 보러 가자꾸나. 흥미진진한 것들이 많을 거야."

"네, 함께 가요. 아버지!"

젭의 얼굴엔 행복의 미소가 가득하다. 엄마의 품 안에서 아버지의 모습을 보고 있는데, 갑자기 뭔가가 머리를 계속 때린다.

"엄마, 왜 머리를 때려요. 그만 하세요. 아파요."

그래도 계속 머리를 때린다. 젭은 순간 엄마 쪽으로 고개를 돌렸다. 그런데 아무도 없다.

“엄마! 엄마!”

조금 전까지도 옆에 있었는데 엄마 수라의 모습은 보이지 않는다. 당황한 젭은 고개를 아버지 쪽으로 돌렸다.

“아버지! 엄마가 없, 없…….”

그 순간 젭은 할 말을 잃었다. 함께 했던 아버지와 엄마가 소리도 없이 사라져 버린 것이다. 그래도 뭔가가 계속 젭의 머리를 때린다. 놀라서 눈을 번쩍 떴다. 주위에는 아무도 없었다.

얼마나 잠을 잤는지 모르겠다. 주위를 둘러보니 끝없는 초원뿐이다. 이미 태양은 중천에 떠올라 이글거리고 있었다. 젭은 멍하니 태양을 바라보았다. 뭔가 말로 표현할 수 없는 아련한 느낌이 가슴 저 깊숙이 느껴졌다.

‘꿈이었구나. 그럼 그렇지. 흠.’

입가에 애잔한 미소가 지어졌다. 그런데 갑자기 뭔가가 젭의 머리 위로 툭 떨어진다. 조그마한 돌멩이다. 젭은 원망스런 눈빛으로 높은 나무 위를 쳐다보았다. 새하얀 털이 길게 난 원숭이 한 마리가 앉아 있었다. 아프리카의 사바나 초

원에서는 보지 못했던 원숭이였다. 긴 털과 다리까지 내려오
는 긴 수염이 상당한 연륜을 가진 듯했다. 또한 맑고도 영롱
하지만 범상치 않은 눈매에서는 신비감마저 느껴졌다.

“과거에 너무 집착하지 마라.”

“네?”

“흘려보낼 것은 보내고 받아들일 운명은 받아들여야 하는 법이다.”

“저에 대해서 아세요?”

젭은 알 수 없는 분위기에 압도당한 채 차분한 목소리로 물었다.

“너의 그 큰 눈에 다 나와 있잖니? 집착하고 그리워하는 너의 그 애잔한 눈을 보면 알 수 있지. 눈은 마음을 담고 있어. 나는 볼 수 있단다.”

“제가 그렇게 보이나요?”

“그래, 너의 눈이 모든 것을 말하고 있구나. 이제 너의 새로운 세상을 위해서 과거의 그리움, 애잔함, 그리고 분노와 두려움으로부터 벗어나야지.”

“도대체 할아버지는 누구세요? 이 초원에서 흰털 원숭이는 처음 봐요.”

“나는 세렝게티의 원숭이 부족인 뭉크족의 타우란다.”

“어떻게 그렇게 길고 멋있는 수염과 털을 가지고 계세요? 할아버지는 몇 살이세요?”

“이 녀석, 호기심이 많은 게로구나. 올해로 이 할아버지 나이가 333살이란다.”

“333살이라고요? 어떻게 그렇게 오래 사실 수가 있죠?”

“그 옛날 청년 시절, 삶의 지혜를 구하기 위해 이 초원을 떠나 홀로 큰 태양신의 산인 킬리만자로에 간 적이 있었지. 삶과 인생에 대한 화두를 가지고 킬리만자로에 가면 해답을 구할 수 있을 것 같아서 무작정 떠났지. 그리고 킬리만자로의 누구의 발길도 닿지 않는 산자락에서 ‘지혜의 샘’을 발견했어. 그 샘물을 마시고 나서야 비로소 삶의 지혜를 얻게 되었지. 그때부터 나의 일생은 태양신의 뜻에 따라 지혜를 세상의 생명들에게 전파하는 것으로 결정지어 졌구나.”

“저도 그 지혜를 얻을 수 있나요?”

“그건 너에게 달려 있단다.”

“무슨 말씀이세요?”

“얼마나 간절하게 지혜를 원하느냐에 따라 지혜를 얻을

수도 있고, 그렇지 못할 수도 있지. 너의 마음가짐에 이미 답은 나와 있단다. 그나저나 너의 이름은 뭐니?"

"아직 제 소개를 하지 않았네요. 저는 세렝게티의 얼룩말 부족인 제빌족의 젭이에요."

젭은 그동안 있었던 일들을 타우에게 모두 말했다. 타우는 조용히 눈을 감고 이야기를 들었다. 그리고는 혼잣말로 중얼거렸다.

'어린 녀석이 너무 많은 일을 겪었군, 쯧쯧.'

그리고는 젭에게 애정 어린 표정으로 물어보았다.

"앞으로 어떻게 할 거냐?"

"구체적으로 생각한 것은 없지만 언젠가는 제빌족의 품으로 당당히 돌아가고 싶어요."

타우는 깊은 생각에 잠긴 듯 아무 말이 없다가, 크고 긴 숨을 내몰아 쉬며 젭에게 말한다.

"내가 너를 당분간 맡아야 할 운명인 것 같다. 이 할아버지와 당분간 함께 지낼 테냐?"

젭은 딱히 갈 곳도 없었거니와 타우에게서 풍기는 신비로운 느낌에 압도되었고, 나쁜 분은 아니라는 생각에 순순히 제안을 받아들였다. 아니, 오히려 젭에게는 너무나 다행스런 일이었다. 젭은 기쁜 마음을 애써 감추며 대답했다.

"타우 할아버지, 너무 감사해요."

타우는 그제서야 큰 나무에서 내려와서 어린 젭의 얼굴을 어루만져 주었다.

"아무래도 당분간 함께 할 운명인 것 같구나. 나와 지내는 것이 쉽지만은 않을 거야."

타우는 마치 앞으로의 일을 예견하듯이 혼자 중얼거렸다. 가까이에서 본 타우의 모습은 더욱 신비로웠다.

"젭, 삶의 지혜를 배우고 싶다고 했지?"

"네."

"이 할아버지가 어떻게 해야 삶의 지혜를 얻을 수 있다고 했지?"

"간절히 원하면 이루어진다고 하셨잖아요."

"그래. 기특한 녀석, 잘 알고 있구나. 앞으로 너에게 삶의 지혜를 가르쳐줄 때 어렵고 힘든 일들이 많을 게야. 간절함과 절실함으로 그 힘든 일들을 잘 극복할 수 있겠니?”

“네, 어려운 일이 있다면 반드시 극복하겠어요. 그리고 돌아가신 부모님께 부끄럽지 않은 늠름한 전사가 되어 다시 제 빌족의 품으로 돌아가겠어요.”

“그래, 좋다. 젭, 너의 그 눈망울은 많은 이야기를 하고 있구나. 지금의 너라면 많은 것을 이룰 수 있을 게다.”

스승의 역할

정오를 지난 후, 이곳 제빌의 어린 얼룩말들은 단체로 얼룩말로서의 체력, 인성, 교양 교육을 받는다. 오늘은 얼룩말의 줄무늬 다듬기 교육이다. 얼마 전까지 족장의 미용을 담당했던 '해서' 선생님의 강의로, 선생님이 엄하기로 소문이 나서 어린 얼룩말들은 모두 긴장하고 있다.

"자, 다들 혀를 길게 내밀고, 어깨에서부터 다리까지 매끈하게 털을 쓰다듬어요."

해서 선생님은 흰색과 검은색의 조화로운 줄무늬가 다른 동물들과 구별되는 자랑스러운 것임을 항상 강조하였다. 오늘도 진지하게 수업을 진행하고 있다.

"선생님, 근데 이것이 무슨 소용이 있어요? 달리다 보면 또 헝클어질 텐데."

"맞아요. 그냥 시원하게 잘 씻기만 해도 되잖아요. 굳이 털을 가지런히 고르다니 시간 낭비예요."

그동안의 진지한 수업이 못내 불만이었던지 여기저기서 갑자기 아우성이다.

"만약 흰 털이 뭉쳐져서 검은 털만 보인다면 우린 검은 말처럼 보이겠죠. 그리고 검은 털이 뭉쳐져서 흰 털만 보이게 되면 흰 말처럼 보일 테고요."

"어, 정말 그러네."

"여러분, 우린 자랑스런 얼룩말이에요. 가지런히 정돈하여 늠름한 얼룩말로 보여져야 진짜 얼룩말이겠죠?"

"하하하!"

일순간에 웃음바다가 되었다. 엄한 줄만 알았던 해서 선생님의 재치 있는 모습에 어린 얼룩말들은 긴장을 풀고 수업에 임했다. 그리고 '진짜 얼룩말'이 되기 위해 더욱 열심히 수업에 참여하게 되었다.

멘토(Mentor)란 이미 많은 시행착오를 거쳐서, 그 결과 성공으로 가는 가장 빠른 길을 알고 있는 사람을 말한다. 따라서 멘토는 성공을 위한 매 단계에서 어려움을 겪을 때마다 가장 적절한 해결책과 방법을 제시하고 이끌어준다. 그렇기 때문에 자기 인생의 진정한 멘토를 만나는 것은 커다란 행운이라고 할 수 있다.

특히 자신이 가고자 하는 분야에서 성공을 이룬 멘토를 만나는 것은 큰 행운이다. 똑같이 성공을 향해 나아간다고 가정했을 때 멘토가 있는 사람과 그렇지 않은 사람은 첫걸음부터가 다르다. 인생의 멘토를 만난 사람은 수시로 자신의 꿈과 목표, 사명, 실천 계획에 대해 자문을 구할 수 있고, 피드백을 받을 수 있기 때문에 성공할 확률이 높다.

밍고트의 『행운』이라는 책에 나오는 흑기사와 백기사의 이야기는 우리에게 시사하는 바가 크다. 내용에서 결국 백기사가 마법의 네잎 클로버를 차지했던 이유는 백기사의 확고한 신념과 소망, 그리고 마법의 클로버를 찾기 위한 준비에서 비롯되었다.

인생의 멘토를 만나는 행운도 이와 같다. 마음속에서 간절히 원하고,

스스로 멘토를 맞을 준비가 된 사람들은 기회를 놓치지 않는다. 하지만 전혀 준비가 되지 않은 대부분의 사람들은 자기 옆으로 행운이 지나가도 놓쳐버리게 된다.

무슨 일을 하든 꿈을 이루기 위해 가장 중요한 것은 본인의 마음가짐과 태도이다. 꿈을 설정하고 끊임없이 도전하다 보면 여러 방법들을 알게 되고, 그 꿈을 이루기 위한 좋은 조력자들을 많이 만나게 된다. 그러는 중에 성공에 결정적인 역할을 하게 되는 인생의 큰 스승을 만날 수 있는 것이다.

그 모든 행운은 바로 우리가 처음에 가졌던 꿈과 그 꿈을 이루기 위한 노력이라는 대가를 주어야만 얻을 수 선물이다. 선택은 지금 여러분의 손에 달려 있다.

나를 행복으로 이끄는 **도전**

Part **2**

내일을 위해 배우고 익혀라

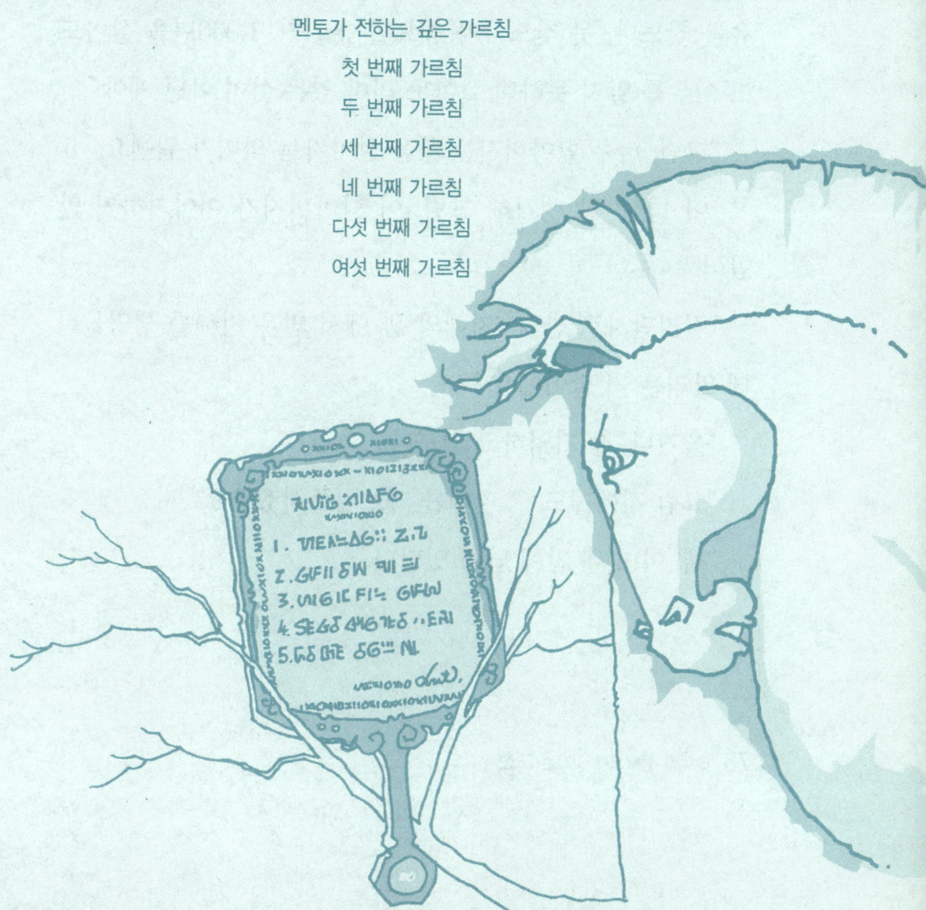

멘토가 전하는 깊은 가르침

“타우 할아버지! 오래 사시니 참 좋으시겠어요?”

“젭, 오래 사는 것은 중요하지 않단다. 그 삶이 어떤 의미를 가지는가가 중요할 뿐이지.”

“무슨 뜻이죠?”

“우리가 이 세상에서 살아가는 데는 이유가 있단다. 그 이유를 찾느냐, 못 찾느냐가 중요할 뿐이지. 1,000년을 살아도 그 이유를 알지 못하면 살아도 의미 있는 삶이 아닌 게야.”

“그럼, 타우 할아버지는 삶을 살아가는 의미가 뭐예요?”

“이 녀석! 잘 생각해 보렴. 이 할아버지가 이야기하지 않았어?”

“킬리만자로 산의 ‘지혜의 샘’ 에서 얻은 지혜를 생명들한테 알리는 거 말이에요?”

“옳거니, 잘 기억하고 있구나.”

“그럼 저에게도 그 지혜를 가르쳐주시겠군요?”

“젭! 이미 네 안에 답이 있단다.”

"네? 제 안에 답이 있다고요? 하지만 저는 아무것도 아는 게 없는데요?"

"아직 시간이 있으니 천천히 시작하자꾸나."

그러고 보니 이미 세렝게티의 태양이 마지막 장렬한 불길을 뿜으며 서쪽 하늘을 온통 붉게 물들이고 있었다. 늘 보는 태양신의 의식이지만 타우와 젭은 오늘따라 넋을 놓고 바라보았다.

해가 지자 이내 사방이 어둑어둑해졌다. 젭은 타우와의 만남에 대해서 생각해 보았다. 제빌족과 얼마나 떨어져 있는지도 모를 만큼 먼 외딴 곳에서 타우라는 스승과 함께 생활하게 된 것이 얼마나 큰 위안인가? 아니, 오히려 '운명적 이끌림'이라는 표현이 더 맞을 것 같았다.

이런저런 생각을 하다 보니 이내 스르르 눈이 감겼다. 꿈속에서의 젭은 언제나 행복했다. 아버지 라온과 엄마인 수라와 함께 웃음과 기쁨이 넘치는 가족이었다.

"젭! 이제 일어나거라."

"할아버지, 조금만 더 잘게요. 조금만 더요. 네?"

“삶의 지혜를 배우고 싶다고 하지 않았니?”

‘삶의 지혜’란 말에 잠이 확 달아났다.

“‘삶의 지혜’라 하셨어요?”

“그래, 오늘 새벽부터 하루에 한 가지씩 인생의 지혜를 가르쳐주겠다. 한번 배워 볼 테냐?”

“그럼요. 열심히 배울게요.”

타우는 그런 젭을 보며 입가에 흡족한 미소를 지었다.

첫 번째 가르침

(호수의 정령을 찾아서 – 나는 누구인가?)

당신이 태어난 이유를 찾아라.

무슨 사명을 이루기 위해 이곳에 왔는가?

– 마틴 루터 킹

"젭! 너는 누구니?"

타우의 뜬금없는 질문에 젭은 당황했다.

"누구냐니요? 저는 제빌족의 얼룩말이지요."

"그걸 몰라서 묻는 게 아니란다. 너만이 가지고 있는 성격, 개성, 장점, 그리고 단점, 즉 너를 이루고 있는 본질적인 특성이 뭔지를 묻는 게야."

"그게 왜 중요한 건가요?"

"많은 생명체들이 자기의 삶에서 행복을 원하지만, 자기가 아닌 모습으로 연극을 하면서 살기 때문에 행복의 길로 들어서지 못하는지도 몰라."

젭은 그래도 이해가 되지 않는다는 듯이 다시 조심스럽게
질문한다.

"이해가 될 것도 같고 아닌 것도 같아요. 좀 더 쉽게 설명
해 주세요."

"우리가 이 세상에 태어난 것에는 필연적인 이유가 있단
다. 그건 '자연의 법칙'이라 할 수 있지. 그 이유가 바로 각
자의 삶의 의미인데, 그것을 찾으려면 자기 내면에서 나오는
자기만의 목소리를 경청하고, 그 목소리가 원하는 삶을 살아
야만 한단다. 그러기 위해서는 온전한 자기 자신이 누구인지
알아야만 하지."

"모든 인생의 행복과 의미의 출발점은 자기 자신이 누구
인지, 왜 이 세상에 태어났는지를 아는 것에서부터 비롯된다
는 말씀이시군요."

"옳거니, 이제야 내 말을 조금은 이해하는 게로구나."

"어렴풋이나마 이해가 되는 것 같아요."

"세렝게티의 많은 동물들은 온전한 자기 자신의 모습대
로 살고 있지 않아. 초원의 세계가 원하는 규칙과 부족들이

원하는 삶의 방식에 따르고, 부모가 바라는 대로 살아가도록 교육을 받으며 자라게 되지. 하지만 이것은 하늘과 태양신의 뜻이 아니란다. 태양신은 우리 본연의 모습대로 사는 것이 가장 아름답다는 것을 깨닫기를 간절히 원하고 있단다. 하지만 안타깝게도 많은 동물들은 가면을 쓴 채 연극을 하면서 살아가고 있어. 그런 인생에서 어찌 행복과 열정을 발견할 수 있겠니?"

"할아버지가 지혜의 샘에서 구하신 삶의 지혜의 시작은 바로 '나의 발견' 이로군요."

"그렇단다. 이 지혜를 300여 년 동안 세렝게티의 생명들에게 나누어주고자 많은 노력을 했단다. 그런데 그건 각자가 선택할 몫인 것 같구나. 아무리 노력해도 진정으로 이 할애비의 이야기에 귀를 기울이고, 자기의 삶을 바꾼 동물들은 극히 일부에 지나지 않았어."

"타우 할아버지의 이야기를 믿지 않았군요."

"물론 믿지 않은 동물들도 많았지만, 정작 대부분의 동물들은 이야기는 믿었지만 실행하지 않거나, 중도에 쉽게 손을 들고 말았지.”

“믿었는데도 실행하지 않는다니 저로서는 도무지 이해가 되지 않아요.”

“아직 시간이 많으니 그 이유에 대해서는 천천히 알아가도록 하자꾸나. 그래, 이제는 좀 이해했을 테니 다시 물어보겠다. 젭, 너는 과연 어떤 존재이니?”

젭은 곰곰이 생각해 보았지만 아무리 생각해도 답이 떠오르지 않았다.

“아무 생각도 나지 않아요. 지금까지 그런 생각을 해본 적이 없어서요.”

젭은 기어들어가는 목소리로 말했다. 혹시나 타우가 꾸지람을 하지는 않을까 불안한 마음을 가지면서.

“그럼, ‘호수의 정령’ 을 찾아가는 건 어떨까?”

“호수의 정령이요? 그 분은 어떤 분이세요?”

“우리가 진정 누구인지를 가르쳐주는 요정이란다.”

“어디에 가면 호수의 정령을 만날 수 있나요?”

“젭! 서두를 일이 아니란다. 호수의 정령은 모니타 호수에 살고 있어. 하지만 호수에 간다고 해서 정령을 만날 수 있는 것은 아니란다. 호수의 정령은 간절하게 구하는 자에게만 모습을 보여주시지. 어때 한번 해볼 테냐?"

"네, 할아버지 말씀처럼 제 자신이 과연 어떤 존재인지 꼭 알고 싶어요."

"그럼, 길을 떠나자꾸나. 앞으로 가야 할 곳이 많을 것 같구나."

타우는 젭과의 만남이 운명임을 점점 더 강하게 느끼고 있었다. 300년 전, 간절히 삶의 의미를 갈구하던 자기의 모습을 어린 젭에게서 발견할 수 있었다.

모니타 호수로 가는 길은 평탄하지 않았다. 모니타 호수는 끝없는 초원을 지나고 넝쿨로 채워진 밀림지대를 지나서, 칼리산의 중턱에 자리 잡고 있었다. 가다가 힘들면 쉬었다 가기도 하고, 타우가 힘들어하면 젭이 등 위에 태워주기도 했다. 또 길을 잃으면 타우가 높은 나무 위로 올라가서 방향을 잡기도 하면서 보름 간의 긴 여정이 이어졌다.

그리고 도착한 모나타 호수는 오후의 햇살을 받아서 보석처럼 빛나고 있었다. 젭과 타우는 그 아름다움에 넋을 잃고 말없이 호수를 바라보았다. 긴 침묵을 깨고 타우가 입을 열었다.

"이제 젭 너에게 달려 있구나."

"무슨 말씀이세요?"

"호수의 정령을 만나는 일이 너의 간절함에 달려 있다는 이야기야. 오늘은 그간의 여정도 풀 겸 푹 쉬자꾸나."

"네! 그러는 것이 좋겠어요."

내일부터 어려운 과제들이 젭에게 주어질 것이다. 하지만 오늘만큼은 이 아름다운 호수에서 그간 쌓인 피로를 마음껏 풀고 싶었다. 호숫가로 다가가 맑고 차가운 물을 마셨다. 긴 목을 타고 흘러내리는 차가운 느낌에 머리가 상쾌해졌다. 그렇게 모니타 호수에서의 밤은 깊어갔다.

아직 태양신이 고개를 내밀지 않은 무렵, 젭은 자연스레 눈이 떠졌다. 새벽 하늘에 유독 빛나고 있는 별 하나가 눈에 띄었다. 그 별을 바라보니 더욱 엄마 생각이 났다. 젭이 깨어나고 얼마 후 타우도 눈을 떴다. 오늘은 분명 둘에게 새로운 운명의 날이 될 것 같다.

"할아버지, 어떻게 하면 호수의 정령님을 만날 수 있을까요?"

"젭! 마음을 비우고 순수함과 간절함으로 너의 존재에 대해서 생각하면, 반드시 호수의 정령님께서 답을 주실 거야."

젭은 그 자리에 앉아서 눈을 감고 생각해 보았다. 목덜미를 타고 오는 새벽 공기가 시원하고 상쾌했다. 찰랑거리는 호수의 물소리도 젭의 마음을 편안하게 했다.

'나는 과연 누구이며 왜 이 세상에 태어났지?'

아무 생각도 나지 않았다. 긴 어둠만 느껴질 뿐이었다. 의식적으로 생각해서 될 문제가 아니었다. 곧 엄마 수라의 얼굴이 떠올랐다. 벌써 기억은 어릴 적 행복했던 시절로 돌아가 있었다. 그곳의 푸른 초원과 함께 늘 따뜻하게 웃으시며 포근히 감싸주던 엄마의 모습이 보였다. 아버지 라온의 모습도 보였다. 많은 시간을 같이 보내지는 못했지만 너무나 사랑하고 존경했던 우상 '라온'의 모습이었다. 이런저런 잡념들로 도저히 정신을 집중할 수 없었다.

젭은 다시 눈을 떴다. 타우가 옆에서 지켜보다가 말을 건넨다.

"잘 안 되는 게로구나?"

"아무 생각도 나지 않아요. 엄마 얼굴, 아버지 얼굴밖에는요."

"잠깐의 명상으로 자기의 존재를 발견한다면 그게 오히려 이상하지 않겠니? 다른 생각들은 잠시 접어두고 온전히 너 자신에 대해서만 몰입해 보렴. 간절하고 진실되고 순수하게 접근하렴."

젭은 크게 심호흡을 한 번 하고 이번에는 제대로 집중하리라 다짐해 본다. 그렇게 1시간여가 지났다. 이제 잡념은 들지 않지만 여전히 긴 암흑의 터널을 지나는 느낌이었다.

그렇게 사흘이 지났다. 호수의 정령님께 간절하게 호소했지만 아무것도 보이지 않았다. 옆에서 지켜보는 타우도 안타까울 따름이었다. 타우는 삶의 지혜를 얻는 방법을 가르쳐줄 수만 있을 뿐 그것을 찾는 것은 온전히 젭의 몫이었다.

문득 이런 생각이 젭의 뇌리를 스치고 지나갔다.

'호수의 정령은 없는 것일지도 몰라. 여러 동물들이 꾸며 낸 이야기일 거야.'

하지만 젭은 이내 자신의 생각이 잘못되었음을 뉘우쳤다. 한순간이지만 뜻대로 되지 않아서 그 탓을 주위로 돌리려 했던 자신이 한없이 부끄러웠다.

벌써 며칠째인가? 아무것도 먹지 못해 기운이 없고 어지러웠다. 같은 자세로 앉아 있다 보니 다리도 몹시 저려왔다. 젭은 호숫가를 거닐고 싶어졌다.

"타우 할아버지, 그냥 혼자 호숫가를 거닐고 싶어요."

"그래, 그러려무나."

젭은 가까스로 일어서서 모니타 호수 주변을 거닐었다. 들에 피어난 꽃들이 그런 젭을 반겨주는 것 같았다. 고개를 들어 하늘을 바라보았다. 에메랄드빛 하늘에 간간이 솜털 구름이 보였다. 젭은 하늘을 보고 미소를 지어보았다. 기분이 좋았다.

모니타 호수는 언제나 수정처럼 맑은 빛깔이었다. 바람에 잔잔하게 일렁이는 물결이 참 아름다웠다. 가슴속에 물밀듯이 행복이 밀려왔다. 그리고 갑자기 그 물결처럼 영롱하고 청명한 목소리가 들려왔다.

"젭! 너는 왜 이곳에 왔니?"

젭은 어디선가 들려오는 목소리에 놀라 소리가 나는 쪽을 보았다. 머리에 순백의 꽃으로 장식된 왕관을 쓰고, 호수의 물빛과 조화되는 드레스를 입은 아름다운 천사가 살며시 미소를 지으며 젭을 바라보고 있었다. 순간 젭은 그 분이 바로 호수의 정령임을 깨달았다.

"호수의 정령님이시군요?"

"그래, 내가 호수의 정령이란다. 무슨 일로 이곳에 온 거냐?"

호수의 정령이 말을 할 때마다 잔잔한 호수의 물결이 출렁거렸다.

"내가 어떤 존재이며, 왜 이 세상에 태어났는지 알고 싶어서 호수의 정령님을 찾아왔어요."

호수의 정령은 이미 알고 있다는 듯이 미소를 지었다.

"너는 이미 답을 알고 있어."

"제가 답을 알고 있다고요? 하지만 저는 아무것도 모르겠는 걸요."

"너의 마음속에 이미 답이 있지. 나는 그것을 확인시켜 줄 뿐이야. 마음의 거울을 통해서 네가 누구인지 보여주마."

호수의 정령은 오른손의 검지손가락을 들고 세 번 크게

휘저어 모니타 호수의 중간을 가리켰다. 이내 호수 중앙의 물줄기가 산산이 부서지며 작은 물방울 입자로 바뀌면서 거대한 타원형의 거울로 변하였다.

"보아라. 이것이 바로 너의 참모습이란다."

젭은 큰 거울에 비친 모습을 보았다. 새끼 얼룩말을 보살피고 있는 자신의 모습이 보였다. 그 새끼 얼룩말도 자신처럼 부모를 잃은 것 같았다. 젭은 따뜻한 기운을 내뿜으며 안타까운 마음으로 정성껏 새끼 얼룩말을 위로하고 있었다. 갑자기 뿌연 안개가 생기더니 또 다른 모습이 보였다. 바로 제빌족의 위대한 족장이자 젭의 아버지인 라온의 모습이었다. 늘 당당하고 늠름한 모습의 라온. 젭에게는 그런 라온이 아버지이기 이전에 존경하고 신뢰하는 충성의 대상이었다. 또 한 번 물줄기가 크게 일더니 이번에는 사자들의 모습이 보였다. 제빌족의 얼룩말들을 잡아먹는 사자들의 모습이었다. 젭은 내면 깊숙한 곳에서 솟구치는 분노를 느꼈다.

이때 순식간에 산산이 부서진 작은 물방울들이 모여 큰 물줄기를 형성하더니 곧 아름다운 모니타 호수 속으로 빨려

들어 갔다.

"뭐가 보였느냐?"

"부모를 잃은 가엾은 새끼 얼룩말과 아버지 라온의 모습, 그리고 떼지어 다니는 사자들의 모습을 보았어요."

"그것이 바로 너의 본질을 나타내는 것들이다."

"하지만 저는 아직도 아무것도 모르겠어요. 왜 그 모습들이 저를 나타내는 것이죠?"

젭은 오히려 더 혼란스러운 감정을 느끼며 물었다.

"답은 너만이 알고 있단다. 잘 생각해 보렴. 너는 분명히 답을 알고 있어."

"위대하신 호수의 정령님, 저는 정령님께서 저의 본질에 대해서 말씀해 주시리라 생각했는데 더 혼란스럽기만 해요."

"나는 너를 도와줄 뿐이야. 결국 너의 본질을 찾는 것은 온전히 너의 몫이란다. 누구도 그 일을 대신해 줄 수는 없는 거야. 이제 나도 떠나야 할 시간이구나. 그럼……."

젭은 떠나려는 정령에게 간절하게 한 번 더 부탁했다. 그 간절함이 통한 것일까? 호수의 정령이 다정하게 오팔(opal)

보석으로 만든 거울을 건네준다.

"호수의 정령의 징표인 이 오팔거울을 가지고 '라팔루' 숲의 정령을 찾아가거라. 숲의 정령이 해답을 줄 것이다. 이 것은 너의 본질을 담고 있으며, 숲의 정령은 그 본질을 볼 수 있는 혜안을 가지고 있단다. 이 거울을 가지고 가면 너의 본 질과 사명에 대해서 말해줄 것이다. 그리고 숲의 정령이 거 느리고 있는 숲속의 대장장이 딱따구리인 '피리온'이 오팔 거울 위에 너의 운명을 결정짓는 사명문과 드림리스트 (Dream List)를 새겨줄 것이다. 하지만 여기에는 숲의 정령의 시험이 있단다."

젭은 진지한 표정으로 호수의 정령께 묻는다.

"어떤 시험을 말하는 것인가요?"

"숲의 정령이 사는 곳은 끝없는 미로로 되어 있단다. 그래 서 들어갈 수는 있어도 숲의 정령의 허락 없이는 절대 빠져 나올 수 없지. 그곳에서 빠져나오기 위해서는 숲의 정령이 대장장이 '피리온'을 통해서 새겨준 너의 사명문과 드림리 스트를 온전히 너의 것으로 만들어야 한단다."

"그런데 어떻게 제가 사명문과 드림리스트를 저의 것으로 만들었는지 알 수 있나요?"

"오팔거울이 답을 줄 것이다. 마법의 오팔거울은 신비한 힘을 가지고 있어서 간절히 바라고 생각하고 노력하면, 이 위에 적혀진 글들이 더욱 선명해진단다. 그리고 결국에는 그 간절함이 하늘에 닿아서 태양신의 뜻과 통할 때, 그 글들이 새겨진 부분들에 구멍이 뚫리고 그곳으로 태양신의 빛들이 통과하게 되지. 그 빛이 오팔거울에 있는 글귀 하나하나를 대지 위에 찬연하게 비추게 될 것이다. 그때가 태양과 대지와 네가 하나가 되는 순간이다."

"어떻게 하면 라팔루 숲을 찾아갈 수 있나요?"

"타우가 라팔루 숲으로 가는 길을 가르쳐줄 것이다. 젭, 너의 성공을 빈다."

호수의 정령은 그 말을 남기고 젭이 감사의 인사를 하기도 전에, 순식간에 모니타 호수의 깊은 곳으로 사라졌다. 젭은 멍하니 그 모습을 바라보았다. 혹시 꿈이 아닌가 생각했다. 하지만 이내 호수의 정령과의 만남이 현실임을 알 수 있었다. 바로 자신의 손에 오팔거울이 들려 있었던 것이다. 젭은 희망을 안고 타우가 있는 곳으로 왔다.

그 사이 타우는 긴 명상에 잠겨 있는 듯했다. 큰 눈을 반쯤 감고 신비로운 흰 수염을 바람에 흩날리며 생각에 빠져 있었다.

"너의 본질이 뭔지 찾았니?"

"찾지는 못했지만 힌트와 호수의 정령님이 주신 선물과 가르침을 얻었습니다."

젭은 호수의 정령과 있었던 일을 타우에게 말했다. 라팔루 숲의 이야기를 하는 순간, 타우의 얼굴에 근심스런 표정이 스쳤다.

"자신 있는 게냐?"

"네, 자신 있어요. 꼭 저를 알고 소명과 꿈을 이루고 싶어요."

"여차하면 평생 라팔루 숲에 갇히게 된다는 것은 알고 있겠지?"

"네! 알고 있어요. 하지만 꼭 이루고 싶어요."

"허허! 녀석, 너는 이 할아비를 끌어당기는 묘한 힘을 가지고 있어."

처음 젭을 봤을 때도 느꼈지만 젭의 순수한 눈망울은 타우를 이끄는 묘한 매력을 지니고 있었다.

"그래, 젭! 이 할아버지가 라팔루 숲으로 가는 길을 알고 있으니 같이 가자꾸나."

금세 젭의 얼굴이 밝아졌다.

"라팔루 숲으로 가는 길은 이곳 모니타 호수에서 먼가요?"

"모니타 호수를 지나 긴 초원과 사막을 건너서 아마존 강을 따라가다 보면 큰 밀림의 숲이 나타나는데, 그곳이 라팔루 숲이란다."

"그럼, 이곳 모니타 호수에서 맛있는 풀들을 실컷 먹고 떠나야겠어요."

젭은 빨리 라팔루 숲으로 가서, 숲속의 정령과 대장장이 피리온을 만나고 싶은 생각에 몹시 들떠 있었다.

사람들은 모두 성공을 꿈꾼다. 하지만 성공의 정의는 개인마다, 처한 환경마다 매우 다르다. 그러나 대부분의 사람들은 '행복으로 가득 찬 인생'을 성공으로 생각한다.

'행복'이라는 단어만큼 상대적인 단어도 없다. 행복은 물질적이고 객관적인 기준만으로 평가할 수 없는 정신적인 만족감과 밀접한 관련이 있다. 후진국인 방글라데시인의 '행복지수'가 전 세계에서 가장 높다는 것은 우리에게 시사하는 바가 크다.

우리들 대부분은 가면을 쓰고 다른 인생을 살고 있는지도 모른다. 어린 시절부터 우리의 교육이라는 것이 성취 위주의 교육, 획일화된 몰개성의 교육이었기에, 개개인의 장점과 단점을 존중하고, 개성을 발굴하고 키워주는 맞춤의 교육은 철저히 무시되어 왔다. 사교육에 어마어마한 돈을 지불하는 현재에도 교육의 초점은 여전히 성적 향상에만 맞추어져 있다.

문제의 발단은 여기서부터 시작된다. 자기가 진정으로 원하는 삶을 추구하기보다는 사회나 부모의 기준에 맞추어진 연극의 삶을 살다보니 점점 더 공허해진다. 삶과 인생에 대한 열정과 행복을 동경하지만, 대부분 사람들의 삶도 비슷비슷하여 결국 '인생이란 이런 것이야' 라고 인위적으로 정의를 내리곤 한다.

하지만 세상은 그렇게 호락호락하지 않다. 급변하는 사회에서 이제 남과 차별화되는 자신을 찾지 않으면 도태되고 말 것이다. 그래서 '고용 불안, IT 신경제의 출현에 의한 빠른 변화 사이클' 등의 외적 환경 속에서 뭔가 돌파구를 찾아야겠다고 생각하지만, 정작 본인이 '앞으로 무엇을 해야 할 것인가?' 에 대해서는 쉽게 해답을 찾지 못한다. 지금까지의 교육 환경에서 해결책을 찾는 것은 쉽지 않을 것이다. 또한 새로운 일을 시작하는 것에 대한 두려움으로 행동에 옮기기도 쉽지 않다.

하지만 이제는 변해야만 한다. 그 변화는 '자기 자신에 대한 발견'에서부터 시작되어야 한다. 나는 무엇을 잘하는지, 어떤 개성과 성향, 장점과 단점을 가지고 있는지에 대해 세심한 관찰을 해야 한다. 자신이 누구인지에 대한 철학적인 화두를 가지고, 그에 대한 정의를 내리기 위해 많은 노력을 기울여야 한다.

조용한 사색의 공간에서 순수한 어릴 적 마음가짐으로 돌아가서 온전한 자신의 모습들을 적어보자. 자기만의 독특한 성향과 성품, 장점과 단점들을 발견할 수 있을 것이다. 그러한 특징들을 조합하는 과정에서 자기가 미처 발견하지 못했던 좋아하는 일을 발견할 수 있을 것이다. 이러한 과정을 통해 우리의 삶은 행복과 열정과 감동으로 가득 채워지고, 경제적인 풍요라는 선물도 얻을 수 있을 것이다.

지금이라도 늦지 않았다. 진정으로 좋아하는 평생의 일을 하며, 행복과 풍요와 열정과 감동으로 가득 찬 인생을 살며, 사회의 발전을 위해서 베푸는 그런 삶을 생각해 보자. 상상만으로도 기쁘지 않은가? 이러한 성공적인 삶은 바로 '나의 발견'에서 비롯됨을 잊지 말자.

두 번째 가르침

(숲의 정령을 찾아서 – 미치도록 좋아하는 일의 발견)

좋아하는 일을 직업으로 삼아라.
그러면 평생 동안 억지로 일할 필요가 없다

– 중국 속담

라팔루 숲으로 가는 긴 여정은 그야말로 고난의 연속이었다. 세렝게티의 초원에서 자란 젭이 초원 밖으로 나와서 사막지대를 통과하는 것은 견디기 힘든 고통이었다. 풀도 자라지 않는 끝없는 모래언덕, 찌는 듯한 한낮의 무더위와 싸늘한 밤 기온의 일교차, 물이라고는 찾아볼 수 없는 척박한 땅, 목구멍이 타들어가는 듯한 갈증, 이 사막을 통과하다가 생을 마감할 수도 있겠다는 두려움이 계속되었다.

하지만 젭에게는 강한 열망이 있었다. 자신의 존재를 확인하고 운명적인 사명과 소중한 꿈에 대한 가르침을 얻고자 하는 열망이 있었기에, 끝까지 희망을 버리지 않고 걷고 또 걸을 수 있었다. 타우에게도 사막지대가 힘든 것은 마찬가지였다.

"얼마나 더 가야 라팔루 숲에 도착하나요?"

"이 사막을 지나 아마존 강을 따라가다 보면 나오게 되지."

"사막은 얼마나 더 가야 끝이 나오는 건가요?"

"아직 한참 더 가야 한단다. 하지만 조금만 더 가면 오아시스(Oasis)가 있으니, 그곳에서 며칠 쉬면서 기운을 내는 것이 좋겠구나."

"네, 저도 이제 더는 못 걷겠어요."

"조금만 참으렴. 잘 하고 있어. 오아시스를 출발하여 사흘 정도 지나면 다시 맛있는 풀과 아마존의 풍부한 물이 우리를 반겨줄 거야."

젭은 입술이 타들어가는 것 같았고 두 눈도 힘없이 겨우 뜨고 있었지만, 아마존 강의 물과 맛있는 풀을 상상하자 이내 얼굴에 희망의 미소가 지어졌다.

'그래, 조금만 참자. 이제 거의 다 왔잖아.'

며칠째 계속되는 사막에서의 행군으로 타우와 젭 모두 기력이 빠진 상태이다. 정신력으로 버틸 뿐이다. 그때 저 멀리 푸르른 야자수와 맛있는 풀, 그리고 시원한 물을 마실 수 있는 우물이 보였다. 젭은 속으로 생각했다.

'또 신기루일 테지.'

벌써 몇 번째 신기루를 본 건지 모르겠다. 의식이 몽롱해질수록 신기루를 보는 횟수가 많아진다. 그런데 이번 신기루는 없어지지 않고 다가갈수록 점점 더 또렷해지기만 한다.

"저 앞의 신기루 보이세요?"

"젭! 수고했다. 오아시스에서 오늘 하루는 푹 쉬었다 가자꾸나."

"오아시스라고요?"

젭은 두 눈을 동그랗게 뜨고 큰 소리로 다시 확인해 본다. 어디서 그러한 힘이 솟아난 것일까? 저 앞의 야자수와 우물가로 쏜살같이 뛰어간다. 그리고는 우물가의 물을 뒤집어쓰며 마치 천국에라도 온 것처럼 장난을 친다. 젭과 타우 모두에게 모처럼 즐거운 시간이다. 실컷 맛있는 풀과 물을 먹고 마시며 그동안 쌓인 여행의 피로를 잠시나마 풀어본다.

얼마나 잤을까? 벌써 저 멀리 동쪽에서 태양신이 떠오른다. 이제는 출발해야 한다. 충분히 휴식을 취하고 모처럼 맛있는 풀을 먹어서 그런지 다시 힘이 불끈 솟는다. 라팔루 숲으로 가기 위해서는 앞으로 사흘간 아무것도 먹지 않고 사막을 건너야 한다. 떠나기 전 젭과 타우 모두 충분히 수분과 양분을 섭취해 두었다.

오아시스를 뒤로 하고 몇 시간을 더 걸었을까? 따가운 태양이 하늘 높이 떠오르고 모래를 달군다. 타우와 젭의 대화도 점점 줄어든다. 숨이 턱턱 막힌다. 군데군데 뼈만 앙상하게 남은 동물들의 잔해를 보며 정신을 바짝 차린다.

새벽 먼동이 틀 무렵부터 걷기 시작해서, 해가 져서 사방이 어둑해지면 곤히 잠을 청했다. 그렇게 사흘을 걸었을까? 모래로만 뒤덮힌 사막의 땅들이 조금씩 바뀌기 시작한다.

"젭! 이제 라팔루 숲에 거의 다 온 것 같구나"

조금 더 걸으니 멀리 푸르른 숲이 보이기 시작한다. 물소리도 들리는 것 같다. 드디어 라팔루 숲에 온 것이다. 젭의 걸음이 빨라진다. 금방이라도 닿을 듯한데, 라팔루 숲의 입구는 생각보다 멀리 있었다.

얼마나 더 걸었을까? 드디어 라팔루의 정글숲에 도달하였다.

"오늘은 여기 라팔루 숲의 입구에서 쉬도록 하자. 그동안 못 먹었던 신선한 풀과 시원한 물을 마시며 충분한 휴식을 취하도록 하렴."

젭도 마음 같아서는 당장에 숲의 정령을 찾아가고 싶었지만, 그동안 강행군을 했고 긴장했던 마음이 풀려서 그런지 더는 걸을 수가 없을 것 같았다.

"네, 그게 좋겠어요. 오늘은 여기에서 충분히 쉬도록 해요."

밤이 되니 온 하늘이 은빛의 별들로 빛난다. 젭은 물끄러미 그 별들을 바라본다. 얼마나 긴 여정이었던가? 지난 여정을 생각하면서 젭은 스르르 잠이 들었다.

새로운 아침이 시작되었다. 젭은 오랜만에 늦게까지 단잠을 잤다. 태양신의 향연이 젭의 얼굴을 따스하게 비치고 나서야 겨우 잠에서 깨어났다. 타우는 언제 일어났는지 나무

위에서 명상을 하고 있다.

"젭! 이제야 일어난 게야?"

"깨우지 그러셨어요?"

"원 녀석, 곤히 잠들고 있는 모습을 보니 도저히 깨울 수가 없겠더구나. 오늘 숲의 정령님을 만나러 가자꾸나."

"그런데 숲의 정령님은 어디에 계시나요?"

"라팔루 숲속의 빽빽한 야팝나무 군락지에 계신단다. 부지런히 서두르면 저녁 무렵엔 도착할 수 있을 거야. 오팔거울을 가지고 있으면 야팝나무 군락지에 쉽게 들어갈 수 있을 게다. 자! 오늘 내로 도착하기 위해서는 서둘러야겠다. 그런데 기분이 아주 좋아 보이는구나."

"네! 할아버지를 만나고 나서 오늘이 제일 기분 좋은 날인걸요."

"허허, 녀석! 그동안 불만이 많았던 게로군."

"에이! 그런 뜻이 아니라는 것을 누구보다 잘 아시면서요. 숲의 정령님을 만난다는 사실에 기분이 좋은 거죠."

라팔루 숲은 끝이 보이지 않는 곳이다. 정글의 숲이 그러

하듯이 제각기 형상을 달리하는 나무들과 젭의 키만큼 자란
풀들이 어지럽게 조화를 이루고 있었다. 젭이 살아온 세렝게
티보다 동물들의 수도 월등히 많은 것 같았다.

대낮인데도 햇빛이 들어오지 못할 정도로 우거진 숲속을
지나고, 거대한 야팝나무 군락지가 펼쳐졌다. 이제 숲의 정
령님을 만날 수 있다는 생각에 젭은 기쁘면서도 긴장되었다.
그런데 들어가는 입구는 어디에도 보이지 않았다. 마치 견고
한 성처럼 숲의 정령님을 보호하는 것 같았다.

젭은 입구가 어디에 있는지 알아보기 위해 야팝나무의 견
고한 울타리 주위를 이리저리 뛰어다니며 살펴보았다. 어디
에도 입구가 보이지 않았다. 촘촘하게 얽힌 야팝나무 사이로
는 무엇도 통과하기가 어려워 보였다. 급기야 뒷다리로 야팝
나무의 넝쿨 주위에 발길질을 해보았다.

"그만두지 못할까? 숲의 정령님의 심기를 건드릴까 두렵
구나."

"어떻게 들어갈 수 있는지 알고 계세요?"

"이곳은 아무나 들어갈 수 없는 곳이란다. 선택받은 생명

체만 들어갈 수 있지. 젭, 너는 호수의 정령님이 주신 오팔거울이 있으니 들어갈 수 있을 거야. 우리 조금만 더 기다려보자. 분명히 방법이 있을 거야.”

“누가 감히 숲의 정령님이 사는 곳에서 소란을 피우는 거냐? 숲의 정령님의 노기가 두렵지 않느냐?”

갑자기 어디선가 잔뜩 독이 오른 목소리가 들려온다. 젭과 타우는 동시에 소리가 나는 쪽으로 고개를 돌렸다. 젭은 하마터면 크게 소리를 지를 뻔하였다. 말로만 듣던 거대한 보아뱀이었다. 젭은 마치 얼음처럼 온몸이 굳어버렸다.

“수, 숲의 정, 정령님을 만, 만나러 왔습니다.”

“나는 이곳에서 숲의 정령님을 보호하는 문지기 ‘바샬’이다. 이곳은 아무나 오는 곳이 아니다. 어서 돌아가라. 만약 그렇지 않으면 너를 잡아서 숲의 정령님께 재물로 바치겠다.”

바샬은 언제라도 젭을 잡아먹을 수 있다는 듯이 큰 입을 쩍 벌리고 날카로운 이빨과 길다랗고 무시무시한 시뻘건 혀를 날름거렸다. 젭은 공포감에 휩싸인 채 겨우 목소리를 내었다.

“오, 오팔거울을 가지고 왔어요. 모, 모니타 호수의 정령
님이 주신……."

“이 녀석, 어디서 거짓말을 하는 거냐? 모니타 호수의 정
령님이 그러한 보물을 일개 얼룩말인 너에게 줄 리가 있느
냐? 얄팍한 수는 그만 부리고 어서 돌아가거라."

공포감과 두려움 속에서도 젭은 어디서 그런 용기가 나왔
는지 큰 소리로 말했다.

“여기 있다고요. 바로 여기!"

오히려 놀란 쪽은 바샬이다. 아무 겁 없이 대꾸하는 모습
도 그렇고, 모니타 호수의 정령이 아끼는 보물인 오팔거울을
일개 얼룩말이 가지고 있다는 것도 믿기지 않았다.

“어떻게 그 귀중한 보물을 가지게 되었느냐?"

젭은 그동안 있었던 일들을 바샬에게 자세히 이야기했다.
바샬은 그제서야 이해했다는 듯이 따뜻한 목소리로 말을 건
넨다.

“그 오팔거울은 숲의 정령님이 사시는 야팝나무 군락지를
통과할 수 있는 열쇠와도 같단다. 자! 숲의 정령님이 사시는

곳으로 함께 가자꾸나."

바샬은 갑자기 크고 긴 몸으로 젭과 타우를 휘감았다. 순간 젭과 타우는 바샬의 몸에서 전해져 오는 감촉으로 온몸이 전율에 휩싸였다. 바샬은 입구의 가장 큰 야팝나무의 꼭대기로 올라가 야팝나무의 거대한 군락지를 향하여 주문을 외웠다.

"마나무나여무나여무나……."

주문을 외우는 순간 갑자기 오팔거울을 통해서 반사된 빛이 야팝나무 군락지를 비추고, 그곳에 숲의 정령이 계시는 곳으로 가는 길이 생겨났다. 젭은 그 놀라운 광경에 입을 쩍 벌리고 바라볼 뿐이었다.

다시 땅으로 내려온 젭과 타우는 바샬에게 감사 인사를 하고, 생겨난 길을 따라서 걸어갔다. 새로 생겨난 길로 태양신의 빛이 들어와 밝게 비추고 있었다. 얼마나 걸었을까? 점점 태양신의 빛이 약해지고 있다.

젭과 타우는 고개를 들어 하늘을 쳐다보았다. 뚫린 하늘로 저 멀리 태양신의 마지막 향연인 노을이 붉게 하늘을 불태우고 있었다. 언제나 그 광경은 장엄하고 경이로웠다. 하지만 오늘은 넋을 잃고 그 광경을 지켜볼 만큼 여유가 없었다. 해가 저물기 전에 빨리 숲의 정령님을 만나야 한다. 젭은 타우를 등에 태우고 달리기 시작했다. 갑자기 전혀 딴 세상인 듯한 광활한 초원이 나타났다. 여기의 풀들은 푸르고 싱싱하며, 이슬 같은 물방울을 맺고 있었다. 얼룩말들이 꿈꾸는 이상향이었다.

광활한 초원의 중간에서 갑자기 거대한 바람이 일기 시작했다. 젭과 타우는 순간 당황하여 크게 몸을 움추렸다.

"왜 갑자기 거대한 바람이 이는 걸까요?"

"글쎄, 잘은 모르겠다만 숲의 정령님이 나타나실 것 같구나."

"숲의 정령님이라구요?"

젭은 기대 반, 두려움 반으로 거대한 바람이 이는 모습을 숨죽이며 지켜보고 있었다. 갑자기 그 바람은 광활한 초원의 풀들이 머금고 있는 물방울들을 순식간에 빨아당기며 거대한 형상을 만들었다. 숲의 정령이었다. 숲의 정령은 머리에 야팝나무 잎으로 만든 관을 쓰고 있었고, 몸은 거대한 나무

줄기를 연상하게 하였다.

"젭! 이제야 왔느냐?"

"라팔루 숲의 정령님이신가요?"

"그래! 내가 이 라팔루 숲의 정령이란다. 모니타 호수의 정령에게서 이야기를 들었다. 호수의 정령이 가장 아끼는 오팔거울을 너에게 주었다고 하더구나."

"그러면 제가 이곳에 온 목적도 알고 계시겠군요."

"그래! 그 오팔거울을 통해서 너의 본질과 네가 세상을 위해서 해야 할 소중한 일들을 보여줄 수 있지. 너의 사명서와 드림리스트는 우리 숲의 대장장이인 피리온이 새겨줄 것이다. 하지만 가르쳐주기 전에, 젭, 네가 결정할 일이 있다. 호수의 정령에게 들었겠지만 앞으로 너의 사명과 드림리스트를 내면의 잠재의식에 각인해야만 이 숲을 빠져나갈 수 있다. 그렇지 못하면 이 초원에서 생을 마감해야만 할 것이다."

"제 내면의 잠재의식 속에 저의 사명과 드림리스트가 각인된 것을 어떻게 알 수 있나요?"

"네가 가지고 있는 오팔거울이 말해줄 거야. 젭, 너의 사명

이 잠재의식에 완전히 각인되는 순간, 사명문과 드림리스트
의 글자에 빛이 통과할 수 있게 구멍이 뚫리게 된단다. 그 순
간 태양신과 너와 대지는 '삼위일체'가 되어 그 글자가 이 초
원의 대지 위에 나타날 것이다. 나는 그것으로 네가 진정으로
원하는 꿈을 위해 최선을 다했음을 인정할 것이다. 젭, 너는
그때서야 너의 부족으로 돌아갈 수 있다. 만일 할 수 없다면
지금이라도 늦지 않았으니 당장 돌아가려무나!"

젭은 강한 어조로 숲의 정령님께 말을 했다.

"호수의 정령님을 통해서 그 이야기는 익히 들어서 알고
있어요. 비록 힘들고 고단하겠지만 반드시 해낼 겁니다. 반
드시!"

"좋다, 너의 의지가 확고하구나. 그럼 너의 본질과 너의
소명, 그리고 네가 이루어야 할 꿈에 대해 알려주겠다. 그 오
팔거울을 이리다오."

젭은 오팔거울을 들고 하늘로 던졌다. 오팔거울은 순식간
에 바람을 타고 숲의 정령의 품으로 들어갔다. 저녁 무렵, 마
지막으로 남은 노을의 태양빛이 오팔거울을 비추며, 이미 어

두워지려 하는 반대편 야팝나무 군락지에 큰 영상을 투영하였다. 젭과 타우는 순식간에 일어난 마법의 광경을 넋을 놓고 바라보았다.

"젭! 이것이 너의 운명이다. 잘 보거라!"

오팔거울 속에는 제빌족의 얼룩말들이 있었다. 그들은 매우 평화로워 보였다. 그리고 주위에는 사자의 무리들이 보였다. 젭은 보는 것만으로도 긴장감과 전율이 느껴졌다. 하지만 이내 이상한 광경이 펼쳐졌다. 사자의 무리들은 제빌의 얼룩말들을 공격하지 못하고 있었다. 제빌족의 무리 중에 유독 눈에 띄는 얼룩말이 보였다. 한눈에도 그 얼룩말이 족장임을 알 수 있었다. 아버지 라온이었다.

젭은 숲의 정령께 말했다.

"저의 아버지이자, 한때는 제빌의 영웅이셨던 라온이에요."

"아니다. 다시 찬찬히 살펴보거라."

그러고 보니 라온과 많이 닮기는 하였으나 크게 다른 부분이 있었다. 그 얼룩말은 맑고 깨끗하고 호수 같은 눈망울을 가졌다.

"그러고 보니 저희 아버지와 닮았으나 아버지는 아니네요."

"정녕 누구인지 모르겠느냐?"

젭은 불현듯 스치는 생각에 되물었다.

"정령님! 혹시 저 족장이……."

"그래, 젭! 바로 너의 운명이다. 너는 위대한 제빌족의 족장이 될 사명을 가지고 태어났다. 너는 약자를 감싸안고 보듬을 수 있는 착한 마음씨를 가지고 태어났다. 약자에 대한 배려와 사랑은 네가 가지고 있는 좋은 성품이다. 네가 가지고 있는 너만의 본성이라 할 수 있지."

그제서야 모니타 호수의 정령이 예전에 보여준 영상들이 이해가 되었다. 어미를 잃은 가엾은 새끼 얼룩말을 보살피고 있던 자기의 모습, 늠름한 족장의 모습, 그리고 사자들 무리의 모습, 그 속에 이미 답은 있었던 것이다. 젭이 그것을 몰랐을 뿐.

"왜 사자들이 우리 제빌족의 얼룩말들을 잡아먹지 못하고 머뭇거리는 건가요?"

"그것이 네가 해야 할 가장 큰 사명이다. 너는 더는 제빌족의 얼룩말들이 사자의 먹이가 되어 고아가 생기는 것을 바라지 않는다고 했지?"

"네, 우리 얼룩말들은 강한 다리와 목덜미, 그리고 지구력을 가지고 있어요. 우리가 힘을 합하면 다시는 사자들의 먹이가 되지 않을 수 있는데, 제빌의 얼룩말들은 그것을 모르는 것 같아요. 마치 사자들의 먹이가 되는 것이 운명인 것처럼 이야기를 해요."

"그게 네가 해야 할 역할이다. 지금까지의 족장들과는 다른 사명이 너에게 주어졌구나. 위대한 족장이었던 너의 아버지 라온도 하지 못한 일을 네가 해야 한다. 너의 사명과 꿈은 바로 '강인한 얼룩말 부족 제빌을 다시 일으켜 세우는 것'이다. 네가 너의 꿈을 이루느냐 못 이루느냐는 오직 너한테 달려 있다."

"제가 어떻게 하면 저의 사명과 꿈을 이룰 수 있나요? 저는 꼭 이루고 싶어요."

"간절히 원한다면 반드시 꿈은 이루어진다. 그건 자연의 섭리란다."

"숲의 정령님, 간절히 원합니다. 저는 저희 제빌족을 구하고 싶습니다. 사자들의 먹이가 될 수밖에 없는 운명을 바꾸고 싶습니다. 도와주세요."

"젭, 그것은 너에게 달려 있다. 너의 사명과 꿈을 이루기 위해서는 강인한 정신력, 육체적 힘, 리더십이 필요하다. 너는 이 라팔루 숲에서 꿈의 달성에 필요한 내적, 외적 수련 과정을 거치게 될 것이다. 이미 말한 것처럼 그 수련 과정을 통과해야만 나는 네가 이 라팔루 숲을 빠져나가는 것을 허용하겠다."

"정령님! 저도 수련을 통과하지 않고서는 다시 제빌족으로 돌아가지 않겠어요."

"이 오팔거울을 받아라. 내일 아침 피리온이 그 오팔거울 위에 너의 사명과 드림리스트를 새겨줄 것이다. 태양신은 우리를 이 세상에 내보낼 때 한 가지 이상의 장점과 소명을 숨기셨단다. 그 장점을 발견하고, 그 장점에 기초한 소명을 수행하는 것은 이 생명체의 몫이란다. 풀 한 포기, 바람 한 줄기에도 다 존재의 이유가 있지. 허나, 대부분의 생명체들은 각자의 소명을 망각한 채 이 세상을 살아가고 있다. 태양신은 가끔씩 태풍이나 천둥, 번개와 같은 모습으로, 때로는 가까운 피붙이의 죽음으로 그 사실을 알려주신단다. 우리는 그러한 것들을 '변화' 라고 부르지."

숲의 정령은 말을 이어갔다.

"하지만 그러한 자극에도 변화하지 않는 생명체들이 이 세상에는 너무나 많은 것 같구나. 우리에게 먹거리를 주시는 태양신은 우리를 사랑하신다. 하지만 그 사랑을 알고 태양신이 주신 소명에 충실한 생명체만이 진정한 기쁨과 행복을 느낄 수 있단다."

"숲의 정령님, 부모님의 죽음으로 저는 이 세상에 하나밖에 없는 외톨이라고 생각했어요. 그리고 제가 이 세상에 태어난 이유에 대해서 생각하게 되었어요. '나는 어떤 존재인가?', '나는 이 세상을 위해서 어떤 일을 하며 살아야 하는가?' 오늘 숲의 정령님을 만나서 제가 누구이며, 이 세상에 태어나서 제가 해야 할 일들에 대해서 알 수 있었어요. 하지만 막상 저의 소명을 알고 보니 새로울 것이 없네요."

"그렇단다. 이미 답은 우리 안에 있단다. 답을 알고 있지만 관심을 가지지 않을 뿐이지. 간절히 답을 원하면 쉽게 찾을 수 있단다. 모든 것은 우리의 마음속에 이미 있으며, 그 일을 달성하는 것도 우리가 마음먹기에 달려 있지. 정작 중요한 것은 우리의 마음이란다."

숲의 정령은 미소를 지었다.

"좋다. 너의 소명과 꿈을 이루기 위한 수련 기간 동안 이곳의 초원에서 지내는 것을 허락한다. 명심하거라! 숲의 정령이 너희 둘의 모습을 항상 지켜보고 있다는 것을……."

젭과 타우는 공손히 고개를 숙여 숲의 정령에게 작별의 인사를 했다.

"숲의 정령님! 감사합니다. 꼭 저의 꿈과 소명을 이루기 위한 수련을 통과하겠습니다."

미처 젭의 이야기가 끝나기도 전에 거대한 바람이 풀밭 위로 솟구쳤다. 그 바람을 따라 숲의 정령은 사라졌다. 젭과 타우는 급작스레 일어난 일이라 멍하니 허공을 바라볼 뿐이었다.

별빛이 참 아름다웠다. 하늘을 뒤덮은 별들이 큰 강을 이루는 듯하였다. 초원에서 바라본 별빛은 더욱 아름다웠다. 젭의 앞으로 바람이 둥실둥실 오팔거울을 가져다주었다. 젭은 그 거울을 물끄러미 바라보았다. 오팔거울에 비친 자신의 모습이 오늘따라 유난히 행복해 보였다.

누구나 '행복한 삶'을 꿈꾼다. 최근 클레어몬트 대학교에서 '행복학' 박사과정을 개설한 칙센트 미하이 교수의 『Flow』라는 책에 의하면, 인간이 가장 행복할 때는 '무엇인가에 의도적으로 집중하고 있을 때'라고 한다. 그리고 그러한 의도적인 집중은 '진정으로 미치도록 좋아하는 일'을 할 때만이 가능하다고 한다.

진정으로 좋아하는 일을 찾아서 그 일을 하는 것은 경제적인 풍요를 위해서도 필요하다. 동서고금의 부자들의 사상과 철학을 연구한 책들을 보면 하나같이 부자가 되는 첫 번째 요건으로 '진정으로 미치도록 좋아하는 일을 할 것'을 꼽고 있다. 좋아하는 일을 하는 사람은 순수한 열정을 가지고 일에 임하고, 일이 재미있어서 더욱 쉽게 몰두하게 된다. 비록 그 일에서 실패를 하더라도 진정으로 좋아하는 일이기에 개선할 점을 먼저 생각하고, 좀 더 쉽게 극복할 수 있다.

이처럼 진정으로 좋아하는 일을 찾기 위해서는 먼저 자기 자신을 알아야 한다. 소크라테스의 '너 자신을 알라!'는 명구는 어찌 보면 인생을 살아가는 한 인간으로서 가장 기본적인 도리를 행하라는 말일 것이다.

세상이 변하고 있다. 그것도 속도를 가늠할 수 없을 정도로 빠르게 변하고 있다. 우리도 변하지 않으면 도태될 것 같은 위기의식이 느껴진다. 하지만 대부분의 사람들은 타성에 젖어 있는 것이 현실이다.

고용이 불안하다고는 하지만 확고한 경쟁력을 가진 개인들은 오히려 더 많은 보수와 함께 평생 직업을 보장받고 있다. 하지만 과도기적인 현 단계를 대비하는 준비가 되어 있지 않았던 대다수의 사람들은 고용의 위협을 받고 있다. 초고령화 사회이면서 고용이 불안한 사회, 한마디로 표현하면 '짧은 기간 돈 벌고, 오랜 기간 돈을 쓰는 사회'가 되어버렸다.

자기 자신에게 물어보자.

"과연 이 조직에서 나는 경쟁력이 있는가?"

그 대답이 부정적이라면 지금 당장 준비해야 한다. 바로 조직을 떠나라는 말이 아니다. 걱정만 하고 있을 때가 아니라는 말이다. 조직 속에서 경쟁력을 가질 수 있는 평생의 직업을 발견하고 준비해야 한다. 그리고 평생의 일을 발견하기 위해서는 '진정으로 미치도록 좋아하는 일'을 찾는 것이 필요하다.

"내가 이 세상을 살아가는 진정한 의미는 무엇인가?"

"나는 어떤 개성과 장점을 가지고 있는가?"

"내가 진정 미치도록 좋아하는 일은 무엇인가?"

"나의 소중한 꿈과 인생의 소명은 무엇인가?"

이 질문에 자신 있게 대답할 수 없다면, 어쩌면 당신은 이 세상을 살아가는 개체로서의 본분을 행하고 있지 않는지도 모른다.

지금 당장 시작하자. 자신이 누구인지를 알고, 진정으로 좋아하는 일을 발견하고, 인생을 행복과 열정으로 가득 채워보자. 그 열쇠는 바로 자기 자신이 쥐고 있다.

세 번째 가르침

(꿈과 사명 – 사명문과 드림리스트의 위대한 힘)

희망은 잠자고 있지 않은 인간의 꿈이다.

인간의 꿈이 있는 한 이 세상은 도전해 볼 만하다.

어떠한 일이 있더라도 꿈을 잃지 말자.

꿈을 꾸자.

— 아리스토텔레스

긴 여정의 긴장감이 풀려서일까? 젭은 오랜만에 숙면을 취하였다. 태양신이 라팔루 숲을 강렬하게 비출 때까지도 깊은 잠에 빠져 있었다. 타우는 언제나처럼 이른 새벽부터 일어나서 혼자만의 명상에 잠겨 있다. 그때 어디선가 야팝나무를 쪼는 시끄러운 소리가 들려온다.

"딱따닥! 딱따닥! 젭은 잠꾸러기! 젭은 잠꾸러기!"

일정한 간격을 두고 야팝나무를 쪼는 소리가 여간 거슬리는 것이 아니다. 젭이 큰 눈을 비비며 좀 더 자고 싶다는 표정으로 소리가 나는 곳을 바라본다.

"너는 누구니? 내 이름은 어떻게 알아? 그리고 그 길고 단단한 부리는 뭐니?"

"나는 '피리온'이야. 오늘 새벽, 숲의 정령님으로부터 너에 대해 전해 들었어. 나는 이 숲의 대장장이야. 나의 부리는 숲의 정령님이 아끼시는 금강석으로 만들어주신 거야. 그래서 이 세상에 어떠한 것도 뚫을 수 있어."

그러고 보니 피리온의 부리가 태양빛을 받아서 유난히 반짝거렸다.

"와! 길고 단단한 부리가 수정처럼 눈부시구나. 아주 멋져!"

피리온은 젭의 칭찬이 부끄러운지 살짝 얼굴을 붉힌다.

"숲의 정령님의 은혜를 받은 거지."

젭은 이제서야 어제 숲의 정령님이 하신 말씀이 생각났는지, 오팔거울을 꺼내 피리온에게 건넨다.

"와! 이것이 말로만 듣던 호수의 정령님이 가지고 계신 오팔거울이구나. 정말 아름다워!"

피리온은 연신 감탄을 쏟아낸다. 그리고 조각가로서의 장인정신이 발동해서 제대로 된 작품을 만들고 싶은 욕심이 생겼다.

"타우 할아버지, 이 오팔거울을 제가 작업할 수 있게 나뭇가지 사이에 고정해 주세요."

"알았다, 피리온. 이 타우 할아버지의 나무 타는 실력을 보여주지."

타우는 많은 나이에도 불구하고 민첩한 동작으로 한 손에 오팔거울을 잡고, 나머지 한 손만으로 주위의 야팝나무를 잽싸게 타며 높은 곳에 오팔거울을 고정시킨다.

"어떠냐? 피리온, 이 정도 위치면 괜찮겠니?"

"멋져요! 최고예요!"

피리온도 마음에 들었는지 들뜬 마음으로 작업을 시작한다. 피리온의 금강석 부리와 오팔거울이 부딪히면서 청아하고도 절묘한 소리를 낸다.

"땅따당팅! 땅따당팅!"

몇 시간이 흘렀을까? 숲의 대장장이인 피리온에게도 쉽지만은 않은 작업인 것 같다. 연신 땀을 흘리며 최고의 작품을 위해서 혼신의 노력을 다한다. 무엇이든 정성이 다해야 최고의 작품이 나오는 것이다. 그런 피리온의 모습을 타우와 젭은 숨을 죽이며 지켜보고 있다. 너무나 열심히 하고 있는 모습에 감히 말을 붙일 엄두도 못 내고 있다.

이윽고 작품이 완성되었다. 피리온이 슬쩍 윙크를 하며 일이 끝났다는 표시를 한다.

"수고했어. 피리온! 이 은혜는 평생 못 잊을 거야."

"당연히 내가 해야 할 일인데 뭐. 이런 보물 위에 작업을 할 수 있게 해줘서 오히려 내가 고마워. 내 평생에 이런 좋은 재료는 처음 접해보았어."

젭은 오팔거울에 새겨진 자기의 사명문을 본 순간, 발끝에서 머리끝까지 타고 오는 전율을 느꼈다. 그토록 원하던 자기의 운명과 소명을 찾은 그 느낌은 말로 표현할 수 없었다. 이제 오팔거울 위에 또렷하게 새겨진 글자 하나하나가 모두 젭이 인생을 살아가는 의미이자 소명이 되었다.

젭의 사명문

가치 1 : 나, 젭은 위대하고 존경받는 제빌의 족장이 된다.

나, 젭은 제빌의 위대한 족장이 되기 위해 누구보다도 강인한 체력과 정신력을 소유한다.

나, 젭은 제빌의 족장으로서 모든 부족의 얼룩말들을 내 몸과 같이 아끼고 사랑한다.

나, 젭은 제빌의 존경받는 족장이 되기 위해, 모든 얼룩말을 위해 봉사하는 '섬기는' 리더십을 발휘한다.

가치 2 : 나, 젭은 강인한 제빌족을 재건한다.

나, 젭은 맹수들을 무서워하지 않는 강인한 제빌족을 재건한다.

강력한 체력 및 정신력 강화 프로그램과 방어 및 전투 시스템의 도입으로, 다시는 사자의 먹이가 되는 얼룩말들이 나오지 않게 한다.

또한 서로 보살피고 배려하고 함께하는 이상적인 공동체를 구현한다.

'한 개인의 성공에 있어서 가장 중요한 것이 무엇인가?' 라고 묻는다면, 그것은 '어떤 상황에서도 나는 반드시 성공할 수 있다' 는 강인한 신념이라 할 수 있다. 성공이라는 것은 이성적이고 논리적으로 생각하고 접근하는 것 이상으로 마음의 작용을 따른다. 개인에 따라서 이러한 마음의 정도는 천차만별이다.

어떤 이는 긍정적이고 낙관적인 좋은 성품을 소유하고 있어서 주어진 분야에서 쉽게 성공하는 반면, 어떤 이는 매사에 부정적이며 비관적인 성품으로 인해 성공의 기회를 항상 놓치는 안타까운 경우도 있다. 즉, 내면의 잠재의식(潛在意識)을 극대화하여 성공자의 마음을 갖게 하는 데 사명문이 크게 작용한다는 것이다.

사명문과 드림리스트가 왜 성공을 위해서 반드시 필요한지 살펴보자.

첫째, 사명문과 드림리스트는 우리 인생의 등대와도 같다. 즉, 꿈이 있는 삶, 목적이 있는 삶을 영위할 수 있다. 꿈과 목적이 있는 삶은 안정적이며, 매사에 그 꿈을 향해 의식적으로 집중할 수 있고, 그 과정에서 우리는 큰 행복을 느낀다.

둘째, 사명문은 성공을 위해 필요한 내적 성품을 단기간에 기르는 데 큰 도움을 준다. 매일 새벽과 자기 전에 사명문을 큰 소리로 읽어보라. 부정적인 마음을 가지고 있는 사람이라면, 세상을 긍정적이고 밝은 자세로 살겠다는 다짐을 사명문에 넣어보자. 어느 순간에 잠재의식의 내면에 웅크리고 있던 부정적이고 자존감이 낮은 마음이, 긍정적이고 자존감이 높은 좋은 성품으로 바뀌어 있을 것이다. 반복적인 의식의 훈련으로 잠재의식은 바뀔 수 있다. 잠재의식은 현실과 비현실, 과거와 현재, 진실과 거짓을 구분하지 못한다.

셋째, 사명문과 드림리스트를 통해서 이루어질 꿈에 대해 매일 이야기하고 즐거운 상상을 하다 보면, 그러한 영상과 말의 진동, 그리고 청각의 정보들이 의식의 세계를 자극하고, 그 자극들은 잠재의식에 투영되어 우리의 성공을 돕는 조력자 역할을 하게 된다. 잠재의식은 우리에게 꿈을 이루기 위해 영감과 아이디어를 주고, 만나야 할 사람을 떠올리며, 성공에 필요한 정보를 손쉽게 찾도록 해준다.

사명문과 드림리스트를 즐거운 상상을 하며 매일 반복하여 큰 소리로 읽어보자. 새벽에 일어나자마자 그리고 자기 직전에 읽는 것을 생활화하라. 새벽과 자기 직전은 의식과 잠재의식의 중간 상태이며, 이 상태에서 그 위력은 배가 된다.

특히 새벽에는 하루를 시작하기에 앞서 꿈과 인생의 목표에 대해서 생각하게 하고, 성공을 향한 인생의 방향을 잡아준다. 또한 자기 전에는 잠재의식에 우리의 꿈과 성공, 그리고 성공을 향한 성품에 대한 이야기를 해줌으로써 의식의 세계가 잠들지라도 잠재의식은 끊임없는 해답을 찾게 한다.

잠재의식의 해답은 의식의 세계가 깨어나는 순간, 영감, 아이디어, 느낌의 형태로 나타나며, 꿈을 이루는 데 큰 기여를 하게 된다. 성공자의 말과 행동, 말로 표현할 수 없는 성공 에너지들은 모두 내면의 강인한 믿음과 자신감, 긍정적이고 자존감 높은 잠재의식에 기인한다. 그리고 이러한 성공자의 내적인 자질을 습득하는 데 가장 빠르고 강력한 방법이 있다면, 바로 사명문과 드림리스트의 작성과 적극적인 활용이다.

중요한 것은 실천이다. 오늘 하루 소중한 시간을 내어 인생을 살아가는 자기만의 사명문과 꼭 이루고 싶은 꿈의 목록을 작성해 보는 것은 어떨까?

네 번째 가르침
(체계적인 계획 – 꿈과 연동되는 계획의 중요성)

　일생의 계획은 젊은 시절에 달려 있고, 일년의 계획은 봄에 달려 있고, 하루의 계획은 아침에 달려 있다.

　젊어서 배우지 않으면 늙어서 아는 것이 없고, 봄에 밭을 갈지 않으면 가을에 바랄 것이 없으며, 아침에 일어나지 않으면 아무 한 일이 없게 된다.

– 공자

　타우는 젭의 사명문을 라팔루 숲에서 가장 잘생긴 야팝나무 줄기에 걸어놓았다. 이제부터 시작이다. 젭이 자기의 소명과 꿈을 이루기 위한 내적 성장을 하지 못한다면, 젭과 타우는 이곳 라팔루 숲에서 생을 마감하게 될 것이다.

　비록 라팔루 숲은 신선한 풀과 깨끗한 물이 있는 이상향이지만, 제빌족이 없는 이상향은 젭에게 아무런 의미가 없다. 제빌족의 족장이 되기 위한 내적 성장을 이루는 데 몇 년의 세월이 걸릴지는 아무도 장담할 수 없다. 어쩌면 평생 이루지 못할 수도 있다. 모든 것은 젭에게 달려 있다.

젭은 문득 해맑은 사라의 얼굴이 떠올랐다. 사라는 이제 젭이 제빌족으로 돌아가야 하는 가장 큰 이유 중 하나가 되었다. 라팔루 숲의 하늘을 바라보았다. 눈이 부실 정도로 푸르른 하늘에 새하얀 구름이 지나간다. 파란 하늘과 흰 구름의 대비가 서로를 더욱 돋보이게 해주었다.

"타우 할아버지, 제가 내면의 잠재의식을 극대화하여 꿈을 이룰 수 있는 자질을 기르도록 도와주세요."

"우선, 사명문과 드림리스트를 통해서 실행이 가능한 실천강령을 만드는 것이 중요하겠군. 우리는 그것을 다른 말로 세부계획이라고 말하지. 이 할아버지가 너의 사명문과 드림리스트를 토대로 세부계획을 만들어야겠다."

"제가 원하는 것도 바로 그거예요. 사명문과 드림리스트가 있지만, 사실 어떻게 달성해야 할지 막막하거든요."

"그래, 함께 계획문을 만들어보자꾸나. 이 할아버지의 지혜가 약간은 도움이 될 거다."

젭과 타우는 며칠에 걸쳐, 숲의 정령이 적어준 사명문과 드림리스트를 기초로 하여 세부계획에 대해서 이야기했다. 그 속에는 타우가 터득한 삶의 지혜가 녹아 있었다. 긴 대화 끝에 비로소 젭을 위한 세부계획문이 완성되었다.

젭과 타우는 숲의 대장장이인 피리온을 불렀다.

"무슨 일로 저를 부르셨나요?"

"피리온! 나의 세부계획문을 새겨줘야겠어. 부탁해."

"세부계획문이라고? 그게 뭔데?"

"숲의 정령님이 주신 사명문과 드림리스트를 좀 더 체계적으로 실천하기 위한 계획문이야. 하나하나 실천하다 보면 나의 사명과 꿈을 좀 더 빨리 이룰 수 있을 거야."

젭과 타우는 피리온에게 세부계획문에 대해서 이야기해 주었다.

"이 정도는 금방 할 수 있지. 바람에 잘려나간 야팝나무를 찾아봐야겠군. 이번에는 나무 위에 금광석 부리로 새길 테니 금방 새길 수 있어. 이 피리온의 실력을 제대로 보여주지."

피리온이 작업을 시작하고 불과 몇 분이 지나지 않아 멋진 세부계획문이 완성되었다. 젭과 타우 할아버지는 피리온의 능숙한 솜씨에 감탄을 하며, 항상 도와주기를 좋아하는 피리온에게 감사의 인사를 건넨다.

"와! 정말 대단하군. 역시 너는 최고의 대장장이야."

"젭! 건투를 빈다. 파이팅!"

젭의 세부계획문

사명 1 : 나는 제빌 최고의 정신력을 소유한다.

· 사명서 큰 소리로 읽기 (새벽과 취침 전 30분씩)

· 사자와 맹수들을 무너뜨리는 모습 상상하기 (매일 30분씩)

· 긍정적인 생각과 말의 생활화

· 감사하는 마음의 생활화

사명 2 : 나는 강인한 체력을 소유한다.

· 야팝나무 줄기 매달고 달리기 (매일 1시간씩)

· 뒷다리 근육 단련 훈련 (매일 1시간씩)

· 목 근력 강화 훈련 (매일 1시간씩)

· 순발력 강화를 위해 단기구간 반복 훈련 (매일 1시간씩)

사명 3 : 나는 제빌의 위대한 지도자로 거듭난다.

· 맹수 방어 시스템 연구 (매일 1시간씩)

· 제빌족 정신력 강화 프로그램 연구 (매일 1시간씩)

· 약자를 위해 베풀고 사랑하는 마음의 생활화

· 리더십에 대한 교육 (매일 1시간씩)

사명문과 드림리스트가 있는 삶과 그렇지 않은 삶은 차이가 크다. 즉, 살아가는 이유와 삶의 의미와 목적이 있고 없고의 차이는, 그 결과와 상관없이 한 사람의 인생에 있어서 중요한 문제이다.

사명문과 드림리스트를 제대로 활용하기 위해서는, 이를 토대로 한 목표와 세부계획이 있어야 한다. 거창한 꿈은 종종 어떻게 실천해야 할지 막막하게 한다. 이때는 꿈을 이루기 위한 세부목표들을 세워보자.

"나는 언제까지 연 수입을 두 배 이상 올린다"라는 드림리스트를 가지고 있다고 가정해 보자. 그 자체로는 막연한 꿈의 일부에 지나지 않는다. 하지만 계속 드림리스트를 상상하고 읽어나가다 보면 많은 아이디어와 영감을 얻게 될 것이다. 이러한 영감과 아이디어를 놓치지 말고 기록하자. 그리고 이것들을 세부목표와 계획에 반영하는 것이다. 특히 필요한 것은 아이디어와 세부계획들을 도출하기 위해 끊임없이 자문하는 것이다.

"내일 당장 이 꿈을 이룰 수 있는가? 그러기 위해서 나는 무엇을 해야 하는가?"

이 질문을 통해서 꿈을 중기계획, 단기계획, 월간계획, 주간계획, 일일

계획으로 잘게 세분화해 나가고, 각각에 대해 언제까지 이루겠다는 것을 명시하라. 반드시 기간을 명시해야만 잠재의식이 활발하게 활동할 수 있다. 그리고 인생의 사명과 드림리스트와 관련된 일일계획들을 인생의 가장 소중한 일로 생각하고, 하루의 일과에서 가장 먼저 실천해야 한다.

크게 고민할 것은 없다. 목표한 일일계획들만 충실히 실천하다 보면, 어느 순간에 그토록 막연하기만 했던 큰 꿈이 자기도 모르는 사이에 이루어져 있는 것을 발견하게 될 것이다.

Success
Harmony
사명문
Dream List
· 정신적, 내적 수련
· 이상적 삶의 태도
· 정신적 가치
· 추상적
· 물질적, 경제적, 외적 풍요
· 현실적, 구체적
목표
목표
계획
계획

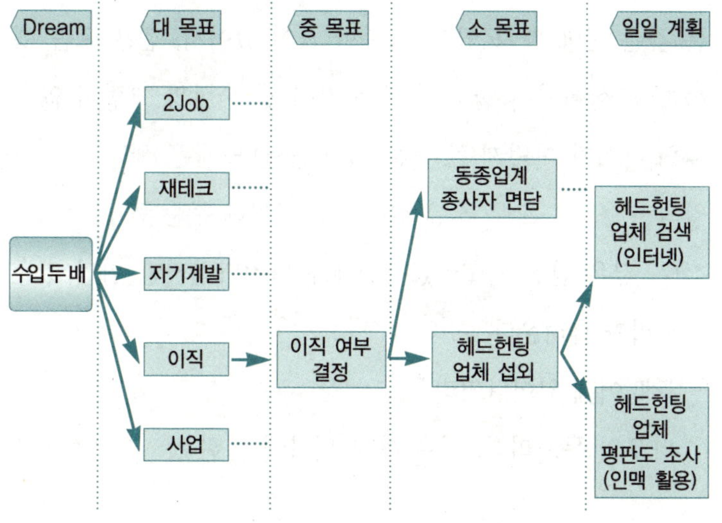

Dream
대 목표
중 목표
소 목표
일일 계획
2Job
재테크
자기계발
이직
사업
수입두배
이직 여부 결정
동종업계 종사자 면담
헤드헌팅 업체 섭외
헤드헌팅 업체 검색 (인터넷)
헤드헌팅 업체 평판도 조사 (인맥 활용)

다섯 번째 가르침
(꿈을 향한 여정 1 - 사명문을 통한 잠재의식의 극대화)

생생하게 상상하라. 간절하게 소망하라.
진정으로 믿어라. 그리고 열정적으로 실천하라.
그리하면 무엇이든지 반드시 이루어질 것이다.

- 로버트 기요사키

라팔루 숲의 신선한 공기와 풀내음을 코끝으로 느끼며 젭은 깊은 잠에 빠져 있다. 소중한 꿈이 있어서, 젭은 요즘 행복하다. 살아가야 할 이유와 목적이 있는 삶과 그렇지 않은 삶의 차이가 이렇게 큰 줄은 미처 몰랐다. 꿈은 생각과 사상, 말과 행동, 그 모든 것에 일관성을 부여해 주는 큰 에너지와 같다. 깊은 잠을 자고 있는 젭에게 나지막하지만 위엄 있는 목소리가 들려온다.

"젭! 이제 일어나거라."

타우의 목소리다. 젭은 마치 뭔가에 홀린 듯 그 목소리에 스르르 눈이 떠졌다. 타우는 언제나 한결같은 모습으로 야팝나무에 앉아서 조용히 눈을 감고 긴 명상에 잠겨 있다.

"오늘부터 시작해 보자꾸나. 소중한 꿈을 향해 간절하고 진실된 마음으로 집중하다 보면, 반드시 꿈은 이루어질 것이다. 먼저 편안하게 앉아서 온 마음과 정신을 집중하여 너의 사명서를 읽어라. 사명서는 새벽에 일어나자마자, 그리고 저녁에 잠들기 전에 읽도록 하자. 사명문을 읽는 일은 너의 꿈을 이루기 위해서 가장 중요한 일임을 반드시 명심하거라."

"네. 그런데 궁금한 것이 있어요."

"그래? 뭐냐?"

"사명문을 읽는 일이 왜 그토록 중요한가요?"

"생명체들의 정신세계는 크게 의식과 잠재의식의 세계로 나눌 수 있단다. 그중에서 잠재의식의 힘은 눈에 보이지 않지만 엄청난 에너지를 가지고 있지. 잠재의식은 우주의 에너지와 맞닿아 있어서 서로 교감하며 그 에너지를 움직이는 작용을 한단다. 잠재의식의 힘을 좋은 방향으로 잘 이용하면 우주의 에너지가 너의 꿈을 이루는 데 도움을 주도록 작용할 것이다. 젭, 네가 나를 만난 것, 호수의 정령을 만난 것, 숲의 정령을 만난 것, 모두가 네가 뭔가를 간절히 원했고, 그것이 잠재의식에 투영되고 우주의 에너지와 교감하여 너의 소원을 들어주고 있는 게야.”

“와! 타우 할아버지는 어떻게 그것을 아셨어요?”

“지혜의 샘에서 얻은 소중한 삶의 철학이지. 사명문이 왜 중요하냐면 사명문을 하루도 빠지지 않고 온 정신을 집중하여 마치 꿈이 이룩된 것처럼 즐거운 상상을 하며 큰 소리로 읽으면, 그 반복된 의식적 상상과 말과 행동이 잠재의식에 투영되고, 의식적인 투영의 횟수가 반복되면 잠재의식의 에너지가 점점 강화된단다. 그리고 어느 순간 그 꿈이 이룩된 것 같은 확신과 신념이 생기게 되지. 이렇게 강화된 잠재의식의 에너지가 우주의 에너지와 결합하여, 더욱 더 너의 꿈을 빨리 이루게 하는 선순환 구조가 되는 거란다.”

젭은 놀라움을 금치 못하며 타우의 이야기를 집중해서 들었다.

"잠재의식이란 것에 대해서 오늘 처음 들었어요. 잠재의식에 대해서 좀 더 알고 싶어요."

타우는 땅에 떨어진 야팝나무 줄기를 손에 들더니 땅 위에 잠재의식의 특징에 대해서 적기 시작한다.

- 잠재의식은 과거, 현재, 미래를 구분하지 못한다.
- 잠재의식은 비이성적, 비논리적이다.
- 잠재의식은 반복된 의식적 행위에 의해 강화된다.
- 한번 형성된 잠재의식을 바꾸기 위해서는 많은 에너지가 필요하다.

" '잠재의식이 비이성적, 비논리적이다' 라는 건 어떤 의미인가요?"

"네가 매일 스스로에게 '나는 사자다' 라고 되뇌이면, 처음에 너의 잠재의식은 그 말을 믿지 않겠지. 하지만 의식적으로 계속 반복하면 언젠가는 너의 잠재의식에서 '나는 사자다' 라는 것을 하나의 진실로 받아들이게 된단다. 즉, 잠재의식은 반복된 의식의 주입을, 그것의 진실, 거짓의 유무를 떠나서 그대로 받아들인다는 것이 중요하단다.”

“와! 놀라워요. 잠재의식의 힘이 막강하네요? 그러면 사명문에 적힌 내용들도 제가 매일 의식적으로 생각하고 읽어나가면, 언젠가는 잠재의식이 그것을 진실로 받아들이고, 그 순간부터 저의 사명과 꿈은 이루어지겠네요?”

“옳거니! 바로 그거야. 그게 바로 잠재의식이 가지고 있는 놀라운 힘이지.”

“그러면 ‘한번 형성된 잠재의식을 바꾸기 위해서는 많은 에너지가 필요하다’ 라는 말의 정확한 의미는 무엇인가요?”

“잠재의식은 놀라운 힘을 발휘하지만, 한번 길들여진 잠재의식의 가치관을 바꾸기 위해서는 실로 엄청난 노력과 땀이 들어가야 한단다.”

“제가 제빌족에서 추방당한 것도 그 때문이었어요. ‘우리도 충분히 사자를 이길 수 있다. 사자의 먹이가 되는 것은 우리의 운명이 아니다’ 라는 말을 족장에게 꺼냈다가 미움을 사서 추방된 거예요. 족장뿐만 아니라 제빌의 모든 얼룩말들도 사자의 먹이가 되는 것은 자기들의 운명이라는 잠재의식을 가지고 있는 것 같아요. 그럼, 어떻게 하면 좀 더 빨리 그리고 효율적으로 잘못된 잠재의식의 가치관을 바꿀 수 있나요?"

젭은 시간이 지날수록 잠재의식의 세계에 대한 호기심과 기대감으로 대화에 빠져든다.

"좋은 질문이구나. 또한 네가 가장 관심 있는 것이겠구나. 부정적 잠재의식을 긍정적 잠재의식으로 빠른 시일 내에 효율적으로 바꾸기 위해서는 '반복하기, 큰 소리로 말하기, 자주 상상하기'의 세 가지를 함께 진행해야 한단다."

"'반복하여 말하라'는 것은 앞에서 말씀하신 것들로 충분히 이해가 돼요. 하지만 '큰 소리로 말하기'와 '자주 상상하기'는 잘 이해가 안 돼요. 좀 더 자세하게 이야기해 주세요."

"먼저 '큰 소리로 말하라'는 것은, 자신감을 증가시키기 위해서란다. 큰 소리로 말하면 자신감이 생기고, 좀 더 강하게 잠재의식에게 자극을 주어 새로운 가치관을 형성하는 시간을 앞당겨 준단다. 즉, 자극이 주는 에너지의 강도를 증가시키는 것이지."

"그러면 '자주 상상하기'도 마찬가지의 원리겠네요? 이루어질 모습들을 자주 상상하면 상상이 또 다른 의식의 자극이 될 수 있고, 좋은 느낌으로 자주 상상하다 보면 더욱 강하게, 그리고 더욱 자주 잠재의식을 자극하게 되는 거네요?"

"옳거니! 이해가 된 게로구나. 하나를 가르치면 열을 안다고 하더니만, 그건 바로 너를 두고 한 말이구나. 허허허."

젭은 칭찬에 쑥스러운지 얼굴이 붉어졌다.

"그런데 한 가지 이해가 되지 않는 것이 있어요."

"그게 뭐냐?"

"사명문을 새벽에 일어나자마자, 그리고 저녁에 자기 직전에 읽는 것이 가장 큰 효과가 있다고 하셨는데, 그것은 왜인가요?"

"의식이 잠재의식에 가장 가까이 다가갈 때 가치관의 주입이 가장 효과적이고 강력하게 이루어지지. 그러한 시간대가 바로 잠에서 깨어난 순간과 잠들기 전의 시간대야. 그래서 새벽과 잠들기 직전에 사명문을 읽는 것이 가장 효과적이란다."

"그렇군요. 그러면 새벽과 잠들기 직전 중에 언제가 더 효과적인가요?"

"좋은 질문이다. 너는 어떻게 생각하니?"

"새벽이요."

"틀렸단다. 답은 자기 전이야. 아마도 다른 동물들도 너처럼 그렇게 새벽이라고 이야기를 할 거야. 물론 새벽은 이 지구상의 만물이 깨어나는 시간이며 하루를 시작하는 소중한 시간이지. 이 시간에 오늘 하루를 어떻게 살지, 그리고 미래의 꿈에 대해서 읽고 말하고 생각하여 잠재의식에 자극을 주는 것은 물론 중요하단다. 그것 자체로도 충분히 값어치 있는 소중한 행위이지. 하지만 저녁에 읽는 사명문은 우리가 알지 못하는 큰 마법의 힘을 가지고 있단다."

젭은 놀라 큰 소리로 외친다.

"마법의 힘이라고요!"

타우는 다시 한 번 크게 힘을 주어 말한다.

"그럼! 마법의 힘이고 말고! 잠재의식의 놀라운 특징 중의 하나는, 쉬는 시간 없이 끊임없이 활동한다는 거야. 그 점을 우리는 잘 활용해야 한단다. 자기 전에 읽는 사명문은 의식적인 주문을 잠재의식에 각인시키게 되고, 비록 의식의 세계는 잠과 함께 쉬게 되지만, 의식의 주문을 받은 잠재의식은 그 해결을 위하여 우리가 자고 있는 동안에도 끊임없이 활동하게 되지. 우주의 에너지와 교감하기도 하며 신비로운 활동들을 하게 되는 거야. 그리고 그 답을 우리의 의식이 깨어날 때 여러 가지 암시로 주게 된단다. 그래서 자기 전에 읽는 사명문이 그토록 중요한 거야."

젭은 연신 놀라움을 금치 못하며 고개를 끄덕였다.

"그럼, 의식은 어떠한 형태로 잠재의식이 주는 답을 알게 되나요?"

"불현듯 떠오르는 영감, 아이디어, 그리고 때로는 너와 나의 만남처럼 도와줄 수 있는 인연들과의 만남으로도 답을 주게 되지."

"놀랍군요. 잠재의식의 힘이 소중한 꿈을 이루기 위해 가장 중요한 거군요."

"그럼! 그래서 잠재의식을 극대화할 필요가 있단다. 새벽

과 자기 전에 명상과 사명문 낭독을 반복함으로써 너의 잠재
의식이 극대화됨을 느낄 수 있을 거다.”

젭은 마치 마법의 진실을 알았다는 듯한 진지한 표정으로
타우의 이야기를 경청하고 있다. 그리고는 타우가 명상할 때
취하는 자세를 흉내내어 앉아서, 나무에 걸린 사명문을 보며
큰 소리로 외친다.

엉거주춤 앉아 있는 자세는 우스꽝스럽기도 하지만, 사명
문 한 구절 한 구절을 큰 소리로 읽고 있는 젭의 모습이 타우
는 대견스럽기만 하다.

한 30여 분이 지났을까? 젭이 비로소 그 큰 눈을 뜬다.

“어떠냐? 사명문을 읽고, 명상을 한 느낌이.”

“기분이 좋은데요. 꿈이 현실이 된 듯한 느낌도 들고요.
이렇게 계속하다 보면, 내면에서 꿈을 꼭 이룰 수 있다는 자
신감이 생길 것 같아요. 그런데 이루고자 하는 꿈을 제대로
상상하려면 어떻게 해야 하나요?”

“아주 상세하게, 마치 현실처럼 사실감 있게 상상할수록
그 효과는 배가 된단다. 놀라운 이야기를 하나 해줄까? 세밀

하게 상상하는 것의 힘이 얼마나 큰지를 보여주는 일화지.

그 옛날, 이 타우 할아버지가 네 살 무렵일 때지. 우리 부족에서는 네 살이 되면 어른으로 인정받을 수 있는 자격이 주어진단다. 하지만 그러기 위해서는 마을 앞에 있는 30미터 높이의 큰 나무 두 그루를 뛰어넘어야만 한단다. 그 두 나무 사이의 거리가 무려 15미터나 되지. 그 긴 거리를 뛰어넘어야만 비로소 어른 원숭이로 인정을 받을 수 있고, 가장 먼 거리를 뛰어넘는 원숭이에게는 우리 부족에서 가장 예쁜 암컷을 차지할 수 있는 자격이 주어지지.

그래서 우리는 나무를 탈 수 있는 한 살 때부터 수시로 그 나무에서 연습을 하곤 했단다. 나무에서 떨어진 적도 수천 번은 될 거야. 이 할아버지도 두 나무 사이에서 떨어진 적이 수백 번은 넘었지.

그런데 우리 마을에 이상한 원숭이 녀석이 있었어. 태어나서부터 나무 타는 것은 배우려 하지 않고, 그냥 하루 종일 눈을 감고 생각에 잠겨 있는 녀석이었는데, 이름이 '팅크' 였지. 우리는 팅크를 항상 '바보, 멍청이' 라고 놀렸는데, 그래도 팅크는 아랑곳하지 않고 항상 마을 입구의 큰 나무 아래에 앉아서 혼자 생각에 잠겨 있었어.”

“어디가나 그런 녀석은 있나 보네요. 제빌족에도 그런 녀석이 있었어요.”

타우는 한 번 싱긋 웃고는 이야기를 계속한다.

“팅크도 네 살이 되었고 모두들 걱정을 했지. 왜냐하면 두 나무 사이를 통과하는 시험은 한 마리의 원숭이도 빠지지 않고, 네 살이 된 원숭이 모두 치뤄야 하는 의식이었거든. 만일 그 시험을 거부하면 그 가족들 모두는 부족에서 영원히 추방당하게 되지.”

“팅크 가족은 당연히 추방을 당했겠군요?”

타우는 그렇지 않다는 듯이 고개를 크게 가로젓는다.

“지금부터 진짜 재미있는 이야기야. 그러니까 팅크는 한 번도 나무를 타는 연습을 한 적이 없는데도, 그 시험에서 무려 30미터를 뛰어넘었지. 그리고 마을에서 가장 예쁜 암컷 원숭이인 ‘부티’를 차지했지 뭐야. 마을의 원숭이들은 모두 기적이라 여기며, 팅크에게 달려가서 어떻게 된 것인지 물어보았지."

젭도 궁금하다는 듯이 재촉한다.

"도대체 어떻게 그런 일이 있을 수 있죠?"

"그 결과는 바로 명상과 상상에 의한 훈련이었어. 팅크는 매일 하루 여덟 시간 이상씩 나무를 타며 재미있게 노는 상상을 한 거야. 상상 속에서는 불가능이란 없기 때문에 처음부터 그 두 나무 사이를 훌쩍 뛰어넘는 자기의 멋진 모습을 그렸다는 거야. 달리 말하면, 팅크는 태어나서부터 그때까지 하루 여덟 시간 이상씩 쉬지 않고 나무 타는 연습을 한 거나 마찬가지였어. 어때, 놀랍지 않니?"

"와우! 대단한 걸요. 단지 상상만으로도 꿈이 현실이 되는 것을 보니, 잠재의식의 힘은 정말 놀랍네요."

"자! 이 할아버지가 왜 너의 세부계획문에 상상의 힘에 대해서 적었는지, 이제 알겠지?"

"네! 이제 이해가 돼요. 그리고 어떻게 상상을 해야 하는지에 대해서도 알 것 같고요. 제가 알게 된 이 모든 것들을 제빌족에게 전파해야겠어요. 우리 제빌족에게 반드시 필요

한 지혜 같아요. '사명문과 상상에 의한 잠재의식 극대화'
말이에요."

많은 사람들이 성공을 위해서 끊임없이 책을 읽고 강의를 듣고, 강한 동기 부여와 자극을 받기 위해서 노력한다. 강의에서는 말 한마디라도 놓치지 않기 위해서 열심히 메모하고 경청한다. 하지만 대부분의 사람들은 그것으로 끝이다. 열심히 메모한 쪽지를 가방에 넣고 잊어버린다.

이때 성공을 위한 가장 중요한 것이 빠졌으니, 바로 '실천'이다. 강의를 듣거나 실용서를 읽을 때, 가장 크게 관심을 가져야 할 것이 바로 "나는 오늘 실천할 한 가지를 가지고 간다"는 마음가짐이다. 수십 가지의 좋은 내용보다도 지금 자신의 상황에 가장 필요한 한 가지를 찾아 실천하는 것이 훨씬 더 바람직하다.

주위에는 수많은 강의와 매달 수십 권의 자기계발서를 탐독하는, 소위 말하는 '배움의 즐거움'에 빠져 있는 분들이 많다. 물론 '동기 부여, 자기계발, 자기발전'을 위해서 노력하는 모습에 큰 박수를 보낸다. 그것들이 실천으로 이어져 결실을 맺는다면 더할 나위 없이 값진 삶이 될 수 있을 것이다.

자기계발, 자기경영을 위한 실용서의 완성은 바로 '실천으로 이어지느냐'이다. 수백 권, 수천 권의 책을 읽을지라도 삶에 응용되지 않는다면 아무 소용이 없다. 알고 있되 행하지 않음은 인생에 대한 기만인 것이다.

오늘부터라도 강의 또는 책 한 권에서 얻은 교훈을 한 가지씩 실천하겠다는, 작고 소박하지만 현실성 있는 목표를 세우자.

여섯 번째 가르침

(꿈을 향한 여정 2 – 순간의 행복을 즐기자)

삶의 의미보다 삶, 그 자체를 더 사랑해야 한다.

– 도스토예프스키

언제나 라팔루 숲의 새벽은 청명하고 상쾌하다. 젭은 하루 일과를 꿈과 소명을 향한 낭독으로 시작하고 마감한다. 젭의 정신과 육체와 말과 행동 모두는 그 꿈과 소명에 집중되어 있다. 그리고 매일 새벽의 사명서 낭독과 명상과 정신력 강화를 위한 상상 속에서 점점 더 자신의 꿈이 구체화되는 것을 느낄 수 있다.

한낮의 뙤약볕에서도 젭은 강인한 체력을 기르기 위해 구슬땀을 흘린다. 그리고 육체적인 수련을 하고 있는 중에도 정신은 오직 꿈과 사명에 대해 집중하고 있다. 그야말로 정신과 육체가 하나의 꿈을 향해 정진하고 있는 것이다. 그래서일까? 하루하루 달라지는 젭의 모습에 타우도 연신 감탄을 금치 못하고 있다.

처음에는 야팝나무 줄기를 매달고 달리는 것이 힘에 부쳐서 훈련장을 한 바퀴 정도 돌고는 쓰러지곤 했다. 하지만 이제는 야팝나무 줄기를 매달고도 쉬지 않고 달린다. 또한 젭의 가장 큰 무기인 뒷다리의 근력을 강화하기 위해서 야팝나무 통나무 뒷차기 훈련을 하고 있다. 처음에는 통나무가 수 미터를 날아가다가 떨어지기 일쑤였지만, 이제는 수십 미터 정도는 거뜬히 날아갈 정도로 뒷다리의 근육이 강화되었다.

또 하나 젭의 장점은 길고 유연하고 튼튼한 목이다. 목 근육 강화를 위해서는 썩은 야팝나무 줄기를 목에 감고, 야팝나무를 쓰러뜨리는 연습을 하고 있다. 아직은 단번에 야팝나무를 쓰러뜨릴 만큼 위협적이지는 않지만, 점점 체력이 단련되는 것을 느낄 수 있다.

사자에 비해서 젭이 가지고 있는 가장 큰 체력적인 문제는 순발력이다. 이를 보강하기 위해 타우의 구호에 맞춰 단거리를 순간적으로 이동하는 연습을 하고 있다. 처음에는 느린 구호에서도 자세를 바꿔 순간적으로 이동하는 것이 어려웠지만, 이제는 조금 빠른 템포에서도 숨을 고를 수 있을 정도로 순발력이 향상되었다.

타우는 그런 젭이 대견스럽기만 하다.

"젭, 많이 힘들지?"

"힘들지만 그래도 행복해요."

"허허, 정녕 행복하냐?"

"남들의 눈에는 힘들게 보일지 모르지만, 진정으로 원하는 꿈을 이루기 위한 과정이기 때문에 행복해요. 저는 육체적으로 힘든 줄도 모를 정도로 지금 이 순간을 즐기고 있다고요. 보면 아시잖아요."

"하긴, 근래에 너의 얼굴을 보면 '행복'이라는 단어가 절로 생각이 나는구나. 녀석, 요즘 꽤 열심이야. 너 스스로도 달라지고 있는 모습을 느낄 수 있을 게다. 어떠니?"

"타우 할아버지 말씀이 맞아요. 사실 큰소리쳤지만, 처음에는 막연하고 두렵기만 했어요. 엄마와 아버지의 목을 물고 늘어지는 녀석들의 얼굴을 떠올리는 순간 분노의 감정이 생기기도 했지만, 그에 못지않게 두려움의 감정도 교차했었고요."

젭은 순간 말을 멈춘다. 이제는 기억 저편의 일이라고 생각했는데, 아직도 그때 일을 생각하면 젭의 마음이 몹시 고통스럽다. 타우도 그런 젭의 마음을 아는지 조용히 바라보고 있다. 젭은 맑고 투명한 두 눈을 몇 번 깜박이더니 이내 타우를 보며 씨익 웃음 짓는다.

"처음에는 두렵기만 했는데, 이제는 제 내면에서 뭔가가 꿈틀거리는 것을 느낄 수 있어요."

"그게 구체적으로 어떤 감정이니?"

"한번 해볼 만하다는 생각이 들어요. 제 내면의 깊숙한 곳에서 뭔가가 들리는 것 같아요."

"젭! 요즘 새벽마다 읽는 사명문을 유심히 본 적 있니?"

"아뇨, 매일 새벽과 잠들기 전에 읽고 있기는 하지만 유심히 본 적은 없어요. 사명문을 집중해서 읽고, 나의 사명과 꿈에 대해 상상하기 바빠서요."

"그럼, 지금 가서 유심히 살펴보렴!"

타우는 의미심장한 웃음을 지으며 젭에게 어서 가보라고

한다. 젭은 호기심 가득한 눈으로 사명문이 적혀 있는 오팔거울 앞으로 갔다. 처음에는 별로 이상한 것이 없다고 생각했는데, 유심히 살펴보니 그게 아니었다.

"피리온이 새겨준 글자들이 점점 더 또렷해지고 있네요."

"그래, 나도 어제 우연히 발견했지. 네가 워낙 열심히 내적, 외적 수련을 하니, 혹시나 하는 마음으로 오팔거울을 쳐다보았는데 역시나 변화가 있더구나. 이 할아버지도 얼마나 기쁜지 모른단다. 지금처럼 너의 소중한 꿈과 사명을 위해서 열심히 하자꾸나."

"그럼요. 제가 좋아서 하는 일이니 즐기면서 재미있게 할게요. 할아버지도 많이 도와주세요."

"아무렴, 도와줘야지. 너, 잊은 게냐? 너를 돕는 것 또한 이 할아버지의 사명인 것을."

젭과 타우는 회상에 잠겼다. 라팔루 숲에서의 훈련도 이제 석 달째가 되고 있다. 꿈을 향한 열정과 할 수 있다는 긍정적인 자세 덕분에, 젭은 하루가 다르게 내적, 외적으로 성장하고 있다. 하지만 앞으로도 몇 개월, 아니 몇 년이 걸릴지는 아무도 모른다.

젭과 타우, 둘 다 확신하는 한 가지 진실은 있다. 그것은 바로 '지금처럼 꿈과 사명을 향해 하루하루 열정을 가지고 정진하고, 그 과정들을 즐기다 보면 언젠가는 그 꿈과 사명이 반드시 이루어진다'는 사실이다. 이 굳은 신념은 젭과 타우의 마음속에 깊숙이 자리잡고 있었다.

모든 사람들이 바라는 성공과 꿈에 대해서 생각해 보자. 비록 정도의 차이는 있겠지만, 이 세상을 살아가는 사람들 모두 크든 작든 간에 목표한 바를 이룬 성공의 경험이 있을 것이다. 자기가 진정으로 목표한 바를 이루었을 때의 기쁨은 이루 말할 수 없다. 그 순간만큼은 이 세상을 다 가진 것 같은 환희로 가득참을 느낄 수 있다. 하지만 그 순간의 환희는 오래 지속되지 못한다.

오히려 곰곰이 뒤돌아 생각해 보면, 비록 환희는 아닐지라도 진정한 행복은 소중한 꿈을 이루기 위해서 열정을 바쳐 최선을 다했던 매 순간순간에 있었음을 알 수 있다.

그렇다! 우리는 소중한 꿈을 상상하고 그 꿈을 이루기 위해서 최선을 다하지만, 정작 잔잔하게 묻어나오는 행복은 바로 최선을 다하고 있는 그 순간에 있는 것이다. 등산을 하다 보면, 정상에 올라 크게 고함을 지르는 순간의 기쁨보다, 올라가면서 듣고 보고 느꼈던 새소리, 바람소리, 푸르른 잎새들, 낙엽 밟는 소리에서 느끼는 행복이 더 큰 것과 마찬가지다.

좀 더 인생을 행복하게 살고 싶다면, 진정으로 몰입할 수 있는 일을 통하여 성공의 꿈을 꾸어야 한다. 오로지 부귀영화만을 목표로 하여 원하지도 좋아하지도 않은 일을 위해 매진하는 것은 어리석은 행동이다. 노력하는 순간의 기쁨을 아는 사람이 진정으로 성공한 사람이다.

당신의 소중한 꿈은 무엇인가? 그 꿈은 당신이 진정으로 좋아하는 일을 통해 이루어질 때, 그 가치와 기쁨이 있다. 매 순간의 삶을 사랑하자!

나를 행복으로 이끄는 **도전**

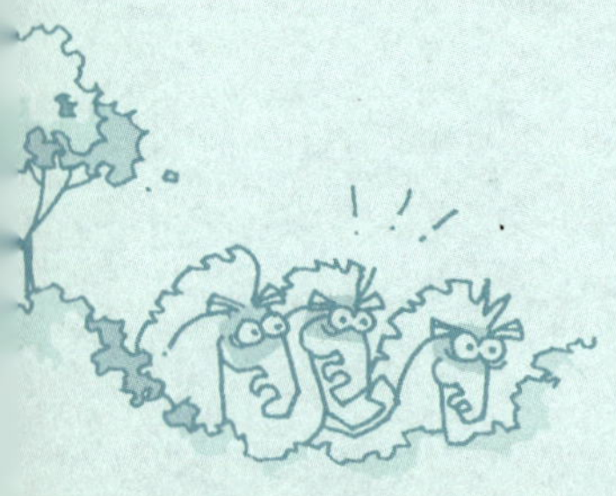

Part**3**

나의 능력을 올바로 실천하라

나를 이끄는 힘, 자신감

라팔루 숲에서의 생활도 이제 2년여가 되었다. 하루하루 달라지는 젭의 모습을 보고 있노라면, 늘 가까이에서 함께 생활하는 타우도 감탄할 정도다.

젭이 훈련하는 모습은 라팔루 숲에서도 큰 볼거리가 되었다. 피리온뿐만 아니라 라팔루 숲의 모든 새들이 젭에게는 가장 큰 응원자들이다. 젭이 훈련하고 있는 모습을 옆에서 지켜보고 응원하며 큰 힘을 불어넣어 준다. 젭에게는 모두 다 소중한 친구들이자 인연들이다.

오늘 새벽은 유달리 범상치 않은 하루다. 좀처럼 보기 힘든 새벽 노을이 라팔루 숲을 붉게 불태운다. 젭도 그러한 장관을 처음 보는지라, 일어나자마자 불타는 새벽 하늘을 바라보고 있다.

"새벽 노을은 처음 보는 것 같아요."

"좋은 징조지. 암, 좋은 징조고 말고."

뭔가 예감한 타우는 연신 고개를 끄덕이며, '이제는 이

라팔루 숲을 떠날 때가 되었구나.’ 하고 생각했다. 젭도 내심 기대하는 눈치였다. 내면의 세계에서 우러나는 자신감과 신념으로 충분히 기대를 걸어볼 만하였다.

2년여 동안의 정신 수련의 결과, 이제는 사자보다 충분히 강하다는 절대적인 믿음이 생기게 되었다. 처음에 가졌던 ‘내가 과연 사자를 이길 수 있을까?’ 라는 의심은 이제 ‘나는 충분히 사자보다 더 강하다!’ 라는 자신감으로 바뀌어져 있었다. 물론 이러한 생각의 변화에는 온종일 진행되는 체력 강화 훈련의 영향이 컸다.

라팔루 숲 한가운데에는 며칠 전에 벼락을 맞아서 쓰러진 야팝나무가 있었다. 검게 타버린 나무줄기의 굵기가 젭의 몸통의 두 배가 넘는 고목이었다. 젭은 그 나무의 줄기를 매고, 쉬지 않고 훈련장을 돌며 훈련을 하였다. 원래 얼룩말들이 지구력이 강하기도 하지만, 그동안 단련된 체력 덕분에 두 시간 이상도 거뜬하게 훈련장을 뛰어다닐 수 있었다. 그 모습은 라팔루 숲의 친구들도 혀를 내두를 정도였다.

젭의 가장 큰 장점인 뒷다리 차기는 더욱 힘이 넘친다. 벼락을 맞아서 쓰러진 그 나무줄기를 세워두고 뒷다리 차기 연습을 하는데, 보통은 50미터 이상을 날아가서 떨어진다. 굵은 나무들이 젭의 뒷다리 차기만으로도 뿌리가 뽑힐 만큼, 젭의 뒷다리는 이제 좋은 무기가 된 것이다.

젭의 가장 큰 약점인 순발력도 타우와 연습한 순간이동 달리기 덕분에 크게 향상되었다. 오랜 훈련의 결과로 이제 사자들과 대등한 정도의 순발력을 가질 수 있게 되었다. 이제는 타우의 구령에 자세의 흐트러짐 없이 방향을 바꿀 수 있을 만큼 순발력도 향상되었고, 빠른 속도 전환에서도 균형감각을 잃지 않았다.

젭의 또다른 장점인 긴 목을 이용한 공격을 위해 목근육의 강화에도 중점을 두었다. 사자들을 공격하기 위해서는 뒷다리 차기가 가장 큰 위협이 될 수 있지만, 실전에서는 사용할 기회가 별로 없다. 사자들은 제일 먼저 얼룩말들의 목을 물어뜯어서 숨통을 끊으려 하기 때문에, 사자와의 격투에서는 목의 역할이 그만큼 중요한 것이다.

젭은 사자의 이빨이 들어오지 못할 만큼 목 표피를 단단하고 굵게 만들기 위해서 하루에 두 시간 이상씩 야팝나무의 줄기에 목을 비볐다. 처음에는 젭의 목에서 나오는 피로 야팝나무 줄기들이 벌겋게 물들었다. 지켜보는 타우의 마음도 참참하기만 했다. 하지만 그러한 노력 덕분으로 목 표피는 단련되었고, 사자의 이빨로도 뚫지 못할 만큼 단단해졌다.

목 근육을 강화하기 위해서는 주로 썩어서 뿌리만 땅속에 박힌 나무줄기를 가지고 연습을 했다. 처음에는 꿈쩍도 하지 않던 나무줄기들이 이제는 젭이 긴 목을 감고 몇 번만 휘저으면 뿌리째 뽑힌다. 실로 놀라운 괴력이었다.

젭은 벼락을 맞은 나무줄기를 며칠째 유심히 바라보고 있었다. 지금까지는 썩은 나무로만 연습을 했는데, 이 벼락을 맞은 나무는 달랐다. 비록 벼락을 맞아서 윗줄기는 불에 타서 잘려나갔지만, 뿌리와 밑줄기 부분만은 단단한 생나무와 같았다. 굵기도 젭의 몸통의 두 배가 넘었다. 비록 젭이 괴력을 소유하게 되었다고는 하지만, 누구도 젭이 그 나무줄기를 단지 목을 사용해서 뽑을 수 있으리라고는 생각하지 못했다.

그런데 젭의 마음을 알았는지, 타우가 넌지시 젭에게 물었다.

"젭! 너 저 벼락나무 줄기를 뽑아보고 싶은 게로구나."

"네! 지금까지는 주로 썩은 나무줄기를 이용했기 때문에 쉽게 뽑을 수 있었는데, 이제는 살아 있는 나무와 유사한 저 벼락 맞은 나무줄기를 가지고 한번 도전해 보고 싶어요. 제 힘이 어디까지인지 알고 싶어요."

"그 마음 충분히 이해한다. 나도 궁금해지는데, 한번 도전해 보자꾸나."

타우가 옆에서 기운을 북돋아주자, 젭은 도전하고픈 열망이 더욱 커졌다.

"좋은 구경거리가 될 것 같으니, 피리온과 그의 친구들도 초대하는 것이 좋겠구나."

젭이 벼락나무 줄기를 뽑는다는 소문은 금세 숲속으로 퍼졌고, 피리온과 많은 새들이 모여들었다. 피리온은 젭에게 격려의 말을 건넸다.

"젭! 너라면 할 수 있어! 우리 모두 응원할게! 파이팅!!"

젭은 잠깐 동안 눈을 감고 명상에 잠겼다. 아마도 나무를 멋지게 뽑아올리는 자신의 모습을 상상하는 것 같았다. 그 모습에서 비장함이 묻어나왔다. 이윽고 젭은 자기의 몸보다 두 배나 굵은 그 나무줄기를 목에 감았다. 사실 감았다기보다는 걸쳤다는 표현이 더 적절하겠다. 나무줄기를 목에 걸치는 순간 젭은 그 육중함에 깜짝 놀라 속으로 생각했다.

'다르다. 썩은 나무와는 다르구나. 내가 과연 이 나무를 움직일 수 있을까?'

젭은 있는 힘을 다해서 나무를 밀어보았다. 다른 친구들도 긴장하여 응원도 잊은 채 숨을 죽이며 지켜보고 있다. 몇 번을 밀어보았지만 꿈쩍도 하지 않았다. 젭은 다시 밀었다. 그래도 나무는 마치 바위처럼 그 자리에서 미동도 없이 서 있었다.

그 순간 2년여의 시간 동안 있었던 일들이 머릿속에 스쳐 지나갔다. 뙤약볕 아래에서 숨을 헐떡이며 훈련장을 돌던 일, 목 표피를 단련시키기 위해서 피로 온 목이 물들였던 일, 타우의 구령에 맞추어 단거리 이동을 하면서 녹초가 되었던 일 등 처음에는 모든 일들이 힘들기만 했다. 하지만 지금은 능숙하게 할 수 있다. 모든 것은 바로 끊임없는 훈련과 할 수 있다는 자신감과 긍정적인 마음에 달려 있다. 그 순간 젭의 내면에서 솟아오르는 엄청난 에너지를 느낄 수 있었다.

'젭! 지금 이 나무는 바로 사자이고, 이 나무를 뽑지 못하면 너는 사자의 먹이가 되는 거다. 젭! 너는 사자보다 강하다. 반드시 이 나무를 뽑을 수 있다.'

내면의 잠재의식이 젭에게 무한한 에너지를 주며 격려하고 있었다. 눈을 감을 채로 그 에너지를 느끼며 나무를 밀었다. 할 수 있다는 마음으로 계속 밀었다. 꿈쩍하거나 꿈쩍하지 않거나, 이제 그것은 중요하지 않았다. 오직 밀리지 않기 위해 밀 뿐이었다. 갑자기 주위에서 웅성거리는 소리가 났다. 멀리서 귀에 익은 피리온의 목소리가 들린다.

"얘들아! 저 나무가 흔들리고 있어. 잘 봐!"

숲속의 친구들도 피리온의 말에 모두 유심히 나무를 보았다. 피리온의 말이 맞았다. 아주 작은 움직임이었지만 나무는 분명히 흔들리고 있었다. 그때 피리온이 크게 외쳤다.

"젭! 할 수 있어! 파이팅!"

그 소리를 듣고 모든 친구들이 한 목소리로 외친다.

"할 수 있어!"

'그래! 나는 할 수 있어! 할 수 있다고!'

갑자기 젭이 크게 울부짖었다. 그 순간 나무가 크게 흔들리기 시작했다. 한 뿌리 한 뿌리가 땅에서 뽑히더니, 마침내 그 큰 나무가 옆으로 '쿵' 하고 쓰러졌다.

젭은 멍하니 그 자리에 서 있었다. 아무 생각도 나지 않았다. 아무 소리도 들리지 않았다. 그저 하염없이 눈물만 흐를 뿐이었다. 친구들의 환호성에 젭은 겨우 정신이 번쩍 들었다. 이건 기적이었다. 스스로도 믿어지지가 않았다.

다음 날 새벽에도 일찍 일어난 숲속의 친구들이 쓰러진 나무 주위로 모여들었다. 어제의 기적을 다시 확인하려는 친구들과 어제의 사건을 못 본 친구들이었다.

젭은 오늘도 마음을 가다듬고 경건하게 오팔거울 앞으로 다가갔다. 어제의 일 때문일까? 한층 더 강화된 자신감으로,

한 글자 한 글자에 온 마음과 생각을 집중하여 읽었다. 글자들이 젭의 마음을 파고드는 것 같았다. 간절함으로 그 글들을 읽어가고 있을 때, 뒤에서 강렬하게 태양신이 햇살을 비추었다. 그때였다. 그 태양빛이 젭이 읽고 있는 사명문의 글자를 비추었다.

'빛의 통과'

순간 젭은 이 말이 생각났다. 그렇다. 분명히 빛이 통과되

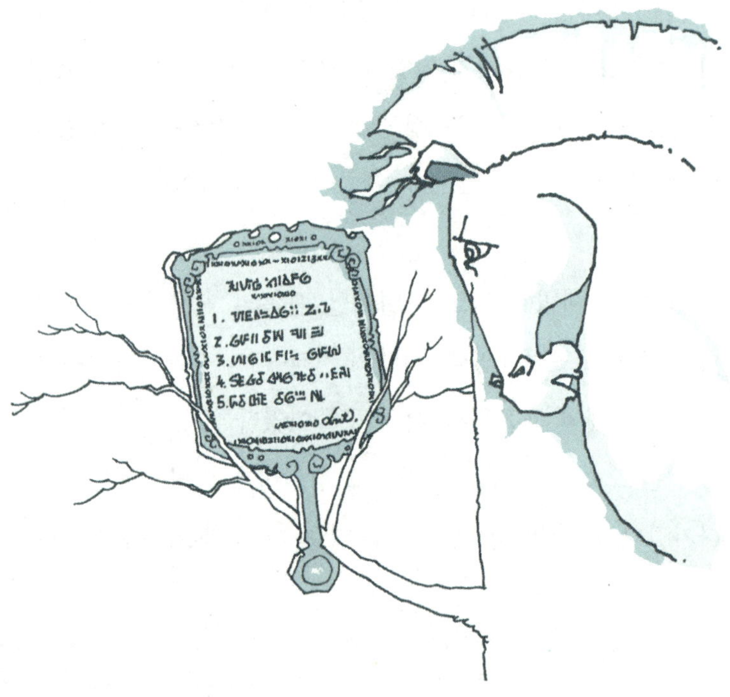

었다. 태양신의 빛은 오팔거울의 한 글자 한 글자를 통과하여 젭의 사명문을 크게 비추었다. 젭의 사명문은 이제 오팔거울에만 있는 것이 아니라 맞은편 대지 위에도 크게 투영되어 있었다.

'삼위일체'

이제 태양신과 젭, 그리고 대지의 신이 하나가 되었다. 옆에서 타우도 그 놀라운 광경을 지켜보고 있었다. 젭은 큰 눈을 감았다. 목에서 머리로 강한 전율이 느껴졌다.

얼마나 이 순간을 고대하였던가? 이날이 오면 기뻐서 하늘을 날 것만 같았는데, 오히려 담담하다. 자신과의 약속을 지켰다는 안도감, 행복감, 그로 인한 자신감이 느껴진다. 숲속의 친구들도 어제에 이어 오늘 벌어진 이 기적을 축하해 주기 위해서 젭의 주위로 몰려들었다. 피리온이 제일 먼저 다가와서 축하해 주었다.

"젭! 이제 너를 이 라팔루 숲에서 보내야만 하지만, 네가 잠시나마 우리의 친구였다는 사실이 정말 자랑스러워. 그리고 너의 이야기는 이 숲의 또 다른 역사가 될 거야."

“나도 라팔루 숲에서의 2년을 평생 잊지 못할 거야. 그리고 숲속의 멋쟁이 대장장이 피리온과 숲속의 다른 친구들과의 아름다운 추억도 평생 간직할 거야.”

젭은 이야기를 하다가 갑자기 두리번거리며 주위를 살핀다. 오늘이 있기까지 가장 큰 도움을 준 타우를 찾기 위해서다. 저 멀리 타우가 태양신을 보며 서 있는 모습이 보였다.

젭은 뚜벅뚜벅 타우에게 다가갔다. 한참 동안 서로 아무 말도 없었다. 그저 미소를 지으며 바라보고 있다. 무슨 말이 더 필요할까? 침묵을 깨며 젭이 말한다.

“타우 할아버지, 감사해요.”

타우는 싱긋 웃기만 할 뿐이다. 그때 라팔루 숲의 초원에 거대한 바람이 일면서 풀잎의 이슬들을 빨아당기며, 초원의 중간에 큰 형상을 만든다. 라팔루 숲의 정령님이다. 이제 타우와 젭이 정들었던 라팔루 숲을 떠나야 할 때가 온 것이다.

“젭! 시험에 통과한 것을 축하한다. 숲의 식구들을 통해서 너의 이야기는 듣고 있었다. 처음 너의 간절한 눈빛을 보았을 때, 너라면 충분히 이 시험을 통과할 것이라 생각했다.

호수의 정령이 자기가 아끼는 선물을 너에게 준 것도 너에게서 꿈과 사명을 향한 간절함을 느꼈기 때문일 것이다. 수고했다.”

“좋은 잠자리와 먹거리, 그리고 좋은 친구들이 있어서 오히려 행복한 시간이었어요. 하지만 그 무엇보다 숲의 정령님께 감사할 일은 ‘나는 누구인가? 내가 진정으로 좋아하는 일은 무엇인가? 나의 인생의 사명은 무엇인가?’ 에 관해서 알려주신 거예요. 그 은혜는 평생 잊을 수 없을 겁니다.”

“너의 간절함이 나의 마음을 움직였기 때문이다. 그리고 답은 이미 네 안에 있었단다. 나는 그것을 네가 느낄 수 있게 보여준 것뿐이지. 하지만 명심하거라! 비록 오팔거울이 태양빛을 통과시켜 대지 위에 빛을 비추었지만, 아직 꿈과 사명을 완전하게 이룬 것은 아니다.”

숲의 정령이 말을 이어갔다.

“하루라도 사명과 꿈을 향한 정진을 게을리 한다면, 마법의 오팔거울은 다시 태양신의 빛을 받아들이지 않을 것이다. 그리고 너는 순간의 게으름을 만회하기 위해서, 더 많은 수련의 시간을 거쳐야 할 것임을 명심하거라! 오늘은 의미 있는 하루구나. 그동안 힘들었을 테니 오늘만큼은 온 라팔루 숲의 친구들과 이 날을 자축하자꾸나. 그리고 내일 새벽 길을 열어 줄 테니 고향으로 돌아가서 너의 꿈을 펼치도록 하거라.”

숲의 정령은 순식간에 긴 소용돌이를 일으키고는 흔적도 없이 사라져 버렸다. 그간의 훈련 기간은 젭에게 행복한 시간이었다. 육체적으로 힘들기는 했지만, 소중한 꿈이 있었고 이루어야 할 사명이 있었기에 행복했다. 그래서 힘들다는 생각은 해본 적이 없었다.

나 자신을 알고, 나 자신이 진정으로 좋아하는 일을 알고, 소중한 꿈과 이루어야 할 사명이 있으며, 매일매일 그 꿈과 사명에 집중할 수 있는 현실에 깊은 감사를 느꼈다. 라팔루 숲에서의 생활은 젭에게 많은 것을 생각하게 했다. 이제 내일이면 이곳을 떠나야 한다고 생각하니, 젭은 새로운 도전에 대한 설레임과 아쉬움이 교차했다.

타우는 그러한 젭을 물끄러미 쳐다보다가 한마디 건넨다.

“섭섭한 게로구나.”

“네, 약간은 섭섭하네요.”

“만남이 있으면 헤어짐도 있단다. 그것이 바로 자연의 이치지.”

헤어짐에 있어서 타우는 나름의 철학이 있는 것 같았다. 젭은 잠시 타우 할아버지에 대해서 생각해 보았다. 333년 동안 얼마나 많은 만남과 헤어짐이 있었을까? 때로는 가슴이 찢어지는 듯한 헤어짐도 있었을 것이다. 젭은 분위기도 바꿀 겸 타우에게 밝은 목소리로 말을 건넨다.

“오늘이 라팔루 숲에서의 마지막 시간이에요. 숲의 친구들과 신나게 놀아요.”

젭이 먼저 숲의 친구들이 있는 곳으로 달려간다. 타우도 다시 얼굴에 미소를 머금고, 앞서가는 젭을 따라간다. 그렇게 라팔루 숲에서의 마지막 날은 지나갔다.

자신과의 싸움을 통한 내적 성장

　라팔루 숲에는 적잖이 큰 호수가 하나 있다. 호수 가운데에는 섬처럼 작은 흙더미가 있는데, 예쁜 꽃도 피고 맛있는 열매가 달리는 나무도 몇 그루 있다. 피리온을 비롯하여 숲속의 새 친구들은 하늘을 날아다니며 자유롭게 이곳에 들러 열매를 따먹기도 하고 꽃을 따오기도 했다.

　하지만 젭은 물살을 가르며 흙더미까지 갈 수가 없었다. 먼 거리의 수영이 자신 없었던 것이다. 오직 새 친구들이 따다주는 열매만 아기 새처럼 받아먹었다. 덩치 큰 자신이 새들이 주는 열매를 받아먹기만 한다는 것은 자존심 상하는 일이었다. 하지만 물살을 가로질러 그곳까지 가는 일은 큰 모험이었기에 그저 흙더미를 바라볼 수밖에 없었다.

　어느 날, 우연히 그곳을 지나게 된 젭은 흙더미 위로 피어오른 꽃 한 송이를 보았다. 보통 때 같으면 그냥 지나쳤을 텐데, 그날은 유달리 신경이 쓰였다. 환하게 피어오른 꽃이 마치 사라의 미소를 보는 것만 같았기 때문이다.

'와, 정말 아름답구나! 사라의 미소처럼 화사해.'

하지만 선뜻 그 꽃을 따러 갈 수가 없었다.

'물살에 휩쓸리면 어떻하지. 훈련을 열심히 하고 있기는 하지만 저 멀리까지 수영해 간다는 건 불가능해.'

발길이 떨어지지 않았다. 햇살을 받은 꽃은 더욱 선명하게 향기를 내뿜고 있었다.

'아니야, 혹시 가능할지도 몰라. 지금껏 사명문도 열심히 읽고 훈련에도 최선을 다했잖아. 한번 나를 시험해 보자.'

젭은 힘들게 용기를 냈다. 그리고 서서히 호수에 발을 담그기 시작했다. 처음이 힘겨웠을 뿐 젭은 정말 신기하게도 꽃만 보고 수영을 할 수 있었다. 젭은 곧 흙더미에 다다랐다.

'내가 해냈어. 용기를 갖고 시작하는 것이 제일 힘든 일이구나. 훈련하고 노력하면 뭐든지 할 수 있구나.'

자신과 싸우는 것이 가장 어려운 일임을 젭은 다시 깨달게 되었다.

마인드 컨트롤(mind-control)은 심리학에서 쓰이는 용어로, 최면이나 자기암시 등을 의미한다. 내 안의 무의식을 설득하여 행동할 수 있는 상태로 자신의 잠재능력을 스스로 개발하는 것이다.

잠재능력을 개발한다는 것은 결국 스스로 긍정의 자신감을 얻기 위한 것이다. '할 수 있다'는 것과 '할 수 없다'는 것은 단지 생각의 차이일 뿐이기 때문이다. '나는 아침 일찍 일어날 수 있다,' '나는 하루에 좋은 일을 하나씩 한다' 등 아주 작은 것에서부터 나의 자신감을 조금씩 깨워가도록 하자. 그러면 궁극적으로 원하는 목표를 이룰 수 있을 것이다.

『머피 인생지침서 제6권 머피 명언록』에 따르면, 잠재의식을 활용하는 여섯 가지의 원칙으로, '절대로 부끄러워하지 마라, 긍정적으로 말하라, 늘 현재 진행형으로 말하라, 좋은 것을 상상하라, 되풀이하라, 일인칭으로 말을 걸어라' 라고 하였다.

명확한 세부계획을 통해 잠재의식을 단련하고, 항상 새로운 것에 자신감을 가지고 긍정적으로 대하는 훈련을 하도록 하자. 그러면 어느새 긍정의 자신감으로 무장하게 될 것이다.

운동선수들의 '마인드 컨트롤'

최근에는 스포츠에서도 '마인드 컨트롤'이라는 용어가 널리 쓰이고 있다. 실제로 많은 운동선수들이 마인드 컨트롤 훈련을 통해 집중력 향상 등의 효과를 보고 있다. 특히 우리나라 선수들의 경우 골프나 양궁에서 마인드 컨트롤을 응용하여 좋은 성과를 내고 있다. 골프선수 박세리는 선두 경쟁이 뜨거워질수록 경기를 즐기자고 마인드 컨트롤을 했고, 그것이 바로 좋은 결과를 내는 원동력이 되었다고 고백한 바 있다.

"혹시 실수라도 하면 어떡하지." 하는 걱정보다는 "멋있게 해서 박수를 받아야지."라는 긍정적 마인드 컨트롤이 중요하다. 마음이 약해지면 그것이 자신도 모르게 자세에 나타나게 된다. 어떤 마음자세를 갖느냐가 행동의 변화를 유도하는 것이다. 효과적인 마인드 컨트롤 방법은 다음과 같다.

1. 자신의 마음 상태를 파악하라.
2. 냉정을 잃지 마라.
3. 무조건 휴식을 취하라.
4. 실수를 철저히 분석해서 실패를 반복하지 마라.
5. 상대방과 비교하여 상대방 페이스에 휘말리지 마라.
6. 자신의 장점과 단점을 분석하라.
7. 전적으로 자신을 믿어라.

만남과 헤어짐의 순환고리

　이른 새벽이다. 젭은 아무리 잠을 청하려 해도 잠이 오지 않는다. 오늘따라 유난히 밝게 빛나는 별들만 말똥말똥 쳐다보고 있다. 그동안 있었던 일들이 영화를 보는 것처럼 머릿속에 스쳐지나간다.

　그동안의 일들을 생각하니 ‘모든 것은 필연이 아니었을까? 하는 생각도 든다. 이제 날이 밝으면 이 정든 숲을 떠나야 한다. 하지만 젭은 알고 있다. 자신에게는 제빌족을 구해야 하는 사명이 있다는 것을. 타우도 감회가 남다른지 잠을 못 자고 뒤척이고 있다.

　“젭, 잠이 안 오는 게로구나.”

　“네, 타우 할아버지도 그런가 봐요.”

　이런저런 이야기들로 밤을 지새우다 보니, 벌써 새벽 먼동이 밝아오고 있다. 젭은 언제나처럼 오팔거울 앞에서 경건함과 간절함으로 사명문을 읽고 명상에 잠긴다. 오늘은 라팔루 숲에서의 마지막 새벽이라 더욱 마음이 남다르다.

사명문을 읽고 긴 명상에 빠져 있을 때, 라팔루 숲을 울릴 만큼 큰 목소리가 들린다. 형체는 보이지 않지만 바로 숲의 정령님의 목소리다.

"이제는 작별할 시간이다. 잠깐 동안 숲의 길을 열어줄 테니 서둘러 떠나거라!"

갑자기 천지가 진동하는 소리가 들린다. 그 소리가 얼마나 큰지 고막이 찢어지는 것 같았다. 아침의 태양신이 라팔루 숲에 임시로 난 길을 비추고 있다.

"젭! 서둘러 출발하자꾸나."

"문제 없습니다. 타우 할아버지, 올라타시죠."

젭은 사명문이 쓰여진 오팔거울을 소중히 챙겨서 라팔루 숲을 빠져나가려 한다. 어떻게 알았는지, 피리온과 숲속의 친구들이 모두 나와서 젭과 타우를 배웅한다.

"모두 안녕!"

"젭! 안녕!"

자! 이제 출발이다. 젭은 타우를 등에 앉히고 쏜살같이 달려간다. 강인한 체력 덕분에 타우는 마치 사자의 등에 앉았다고 착각할 정도였다. 사자처럼 빠른 젭의 등에 앉아 있는 타우의 긴 눈썹이 바람에 휘날려 장관을 이루었다. 올 때는 먼 길이었지만, 이제는 순식간에 라팔루 숲의 입구에 도달했다. 입구에 다다르자 문지기 보아뱀 '바샬'이 있다.

"바샬 아저씨, 저 얼룩말 젭이에요. 기억하시죠? 2년 전에 봤잖아요."

보아뱀은 온화한 미소를 지으며 젭에게 말했다.

"오늘 새벽, 숲의 정령님의 부름을 받았다. 이제 이 라팔루 숲에서 나갈 때가 되었구나."

바샬은 길고 굵은 몸을 하늘 높이 치솟더니 젭과 타우 쪽으로 다가와서 둘을 휘감는다. 차갑게 몸을 압박하는 느낌, 온몸에 소름이 쫙 돋는다. 보아뱀은 둘을 휘감아서 머리를 하늘 위로 쳐들고, 몇 겹의 야팝나무 줄기를 유유히 타고 넘나든다. 그리고는 라팔루 숲의 밖으로 사뿐히 내려놓았다.

이제는 정말 라팔루 숲을 나왔다. 젭과 타우는 멍하니 야팝나무 군락을 바라보았다. 이제 언제 다시 이 숲에 들어갈 수 있을지 모른다. 다시 이 숲에 들어가기 위해서는 숲의 정령님의 허락을 받아야 한다. 다시는 들어갈 수 없는 곳이라 생각하니, 타우와 젭은 2년여 동안의 라팔루 숲에서의 생활이 더 소중하게 생각되었다.

"젭! 만남이 있으면 헤어짐이 있는 거란다. 이제 출발하자꾸나."

"그래요. 우리 라팔루에서의 추억을 평생 간직하기로 해요."

젭과 타우는 바샬과 작별인사를 나누고 본격적인 여정에 나선다. 길고 척박한 사막을 지나 모니타 호수를 돌고, 타우의 고향에서 다시 제빌로 가야 한다. 젭과 타우는 긴 사막을 통과하기 전에 마지막으로 초원에서 쉬면서 충분한 휴식을 취하기로 하였다. 그리고 사막의 입구에서 밤을 보내기로 했다.

드디어 새벽이다. 오늘부터 긴 여정이 시작되기 때문에 젭과 타우도 급하게 서둘렀다.

젭은 이제 매일 사명문을 읽는 것이 습관이 되었다. 그리고 최근에는 오팔거울을 유심히 살펴보고, 태양신이 강렬한

빛을 비출 때는 오팔거울을 들어 태양빛에 비춰보는 버릇이
생겼다. 오팔거울을 보며 자신의 마음가짐을 새로이 하는 것
이다.

이제 이 사막을 다시 통과해야 한다. 하지만 훈련을 통해
강철 같은 체력을 갖게 되었기 때문에 사막 횡단에는 자신
있었다. 문제는 타우였다. 젭은 타우를 태우고 이 사막을 건
너기로 했다.

"타우 할아버지, 저의 인생의 스승이시니 제 등에 타시고
사막을 건너기로 해요."

"허허. 그럼 제자 덕 좀 볼까?"

타우는 사막을 건너면서 젭의 체력에 대한 마지막 점검을
하고 싶었다. 그러기 위해서는 자기가 젭의 등에 올라타는
것이 오히려 좋겠다고 생각했다.

젭은 타우를 등에 태우고 사막을 통과하기 시작했다. 젭
의 체력은 강철과도 같았다. 혼자서도 걷기 힘든 사막을 타
우를 등에 태우고도 쉴 새 없이 뛰어 통과하였다. 그러면서
도 숨을 전혀 헐떡거리지 않았다. 젭도 2년 전에 비해서 강

인해진 자신의 체력에 내심 감탄하고 있었다.

타우도 놀라기는 마찬가지였다. 젭의 등에 앉아서 강렬한 태양신의 빛을 온몸에 받고 있는 것도 힘이 드는데, 젭은 자신을 업고 이 사막을 뛰어가고 있다. 타우는 잠재의식의 힘이 얼마나 대단한지를 새삼 실감하였다.

열심히 달린 덕분에 3일 만에 사막을 통과하였다. 실로 놀라운 일이었다. 젭은 사막을 통과하는 것이 훈련의 연장이라고 생각했다. 내심 자기의 체력을 제대로 측정하고 싶은 욕심도 있었다. 그런데 기대 이상이었다. 이번 일을 계기로 젭은 더욱 확고한 자신감을 갖게 되었다.

풀도 물도 없는 사막에서 밤잠으로 휴식을 대신할 뿐 아무것도 못 먹고 달렸기 때문에, 오늘은 이곳에서 맑고 깨끗한 물과 신선한 풀과 열매를 먹으며 충분한 휴식을 취하기로 했다.

밤하늘의 별이 유달리 밝다. 내일은 다시 모니타 호수를 지나게 된다. 젭에게는 제빌과 라팔루 숲 다음으로 소중한 곳이 바로 모니타 호수이다. 젭은 사명문을 읽으면서 오팔거울을 한 번 더 만져보며 스르르 눈을 감았다.

다시 새벽이다. 저 멀리서 희미하게 날이 밝아온다. 어제 이곳에서 신선하고 깨끗한 풀과 열매, 물을 섭취하고 충분한 휴식을 취해서 그런지, 힘든 여정으로 인해 쌓인 피로가 말끔히 가셨다. 젭은 모니타 호수를 빨리 보고 싶은 마음에 새벽부터 서두른다. 중간에 잠깐씩 물을 마시고 휴식을 취하는 시간을 제외하고는 달리고 또 달렸다.

반나절이 지나자, 갑자기 시야가 환해지면서 물결이 찰랑인다. 모니타 호수에 다다른 모양이다. 젭은 신이 나서 더 빨리 달리기 시작한다. 드디어 수정 같이 맑은 물을 자랑하는 모니타 호수에 도착했다. 호숫가에서 불어오는 상쾌한 바람이 젭의 얼굴에 송글송글 맺혀 있는 땀방울을 씻어주었다. 젭은 모니타 호수 쪽으로 가서 맑은 물을 마시기 시작했다.

"야! 물맛 좋다!"

젭은 연신 싱글벙글 웃으며 모니타 호수를 바라보고 있다. 맑은 에메랄드 빛이 영롱하기까지 한 모니타 호수는 맑고 푸르른 하늘과 어우러져, 어디가 호수고 어디가 하늘인지 모를 만큼 아름답고 시원한 모습이다.

그런데 갑자기 오팔거울이 심하게 흔들리기 시작했다. 동시에 호수에 큰 바람이 일더니 호수 표면의 물방울이 바람을 타고 호수의 중앙으로 이동하기 시작했다. 물방울 하나하나가 호수의 중앙을 향해 이동하는 광경은 실로 장관이었다. 그 물방울들이 햇살을 받아 보석처럼 빛나고 있었다. 파란 하늘과 호수를 배경으로 태양빛에 반짝이는 보석들이 호수 가운데로 이동하는 모습을 상상해 보라. 잠시 후 아름다운 호수의 정령님의 형체가 나타났다.

'아름답다!'

호수의 정령은 젭이 처음 만났을 때처럼 머리에는 순백의 꽃으로 장식된 왕관을 쓰고, 호수의 물빛과 조화되는 아름다운 드레스를 입고 있었다. 모니타 호수의 정령은 진정 미의 화신이었다. 호수의 정령은 아름답고 따스한 미소를 지으며 젭에게 말을 건넸다.

"젭, 큰일을 하였더구나. 숲의 정령을 통해서 너의 이야기를 들었다."

"호수의 정령님의 큰 은혜가 있었기에 가능했습니다. 다시 한 번 감사드립니다."

"나의 소중한 선물인 오팔거울이 좋은 주인을 만나서 제대로 자기의 역할을 다하게 되었어. 나의 선물을 소중히 간직하고 더욱 빛나게 해준 너에게 감사한다."

"아름답고 따사로운 호수의 정령님, 저에게 라팔루 숲과 모니타 호수는 평생 동안 잊지 못할 소중한 곳입니다. 제 삶이 다하는 날까지 감사의 마음을 간직하겠습니다."

호수의 정령도 온화한 미소로 젭에게 답하였다.

"오팔거울은 행운의 마법을 가지고 있단다. 너의 앞날에 큰 도움이 될 것이다. 너의 소중하고 값진 꿈과 사명을 꼭 이루기 바란다."

다시금 호수에 바람이 일었다. 호수의 정령은 크게 하늘로 솟구치는가 싶더니 이내 흔적도 없이 사라져 버렸다. 작은 물방울들도 바람을 따라 하늘로 올라가 태양빛에 보석처럼 빛나더니 사라져 버렸다. 젭과 타우는 그 광경을 지켜보며 말없이 미소를 짓는다.

모니타 호수에서 간단한 점심을 먹고, 젭은 다시 달리기 시작한다. 멀리 서쪽 하늘에 태양신의 마지막 축제가 시작될 무렵, 타우의 고향 마을에 있는 큰 나무에 도착했다.

"타우 할아버지, 2년만에 고향에 오니 기분이 어떠세요?"

"조금 낯설지만 그래도 마음은 편한 걸 보니, 여기가 고향은 고향인가 보구나."

젭은 순간 제빌이 떠올랐다. '제빌은 지금 어떤 모습일까? 사랑하는 사라는 잘 있을까? 세실 할머니는 건강하실까?' 여러 생각들이 젭의 머릿속을 스쳐 지나간다.

"젭, 고향 생각이 많이 나는구나? 내일이면 고향으로 돌아갈 수 있을 텐데, 뭘 그래."

"내일이라고요? 그렇게 빨리요?"

"더는 너에게 가르칠 것이 없구나. 그리고 이제 너는 너를 필요로 하는 곳으로 가야 할 것 같구나. 제빌에서 해야 할 일들이 많을 테니 말이다. 너와 평생 이곳에서 지내고 싶지만 그건 욕심일 뿐이지."

좀처럼 마음속 이야기를 하지 않는 타우도 젭과의 이별이 아쉬운가 보다. 타우에게도 젭은 특별한 존재였다. 지금까지 수백 마리의 동물들과 이러한 만남과 헤어짐의 인연을 맺었지만, 그중에서도 젭은 각별했다. 타우는 젭의 '순수함, 긍정심, 배려, 의지, 열정' 을 좋아했다.

생각해 보면 그동안 많은 일들이 있었는데 마치 며칠 전의 일처럼 느껴졌다. 타우는 젭을 처음 만났을 때를 생각해 본다. 뭔가를 갈구하는 듯한 순수하고 애잔한 눈빛을 평생 잊을 수 없을 것만 같았다.

젭도 오늘밤은 타우를 처음 만났을 때를 회상해 본다. 특히 길게 늘어뜨린 흰 눈썹에서 느껴지는 영험함과 신비스러움이 강렬하게 기억되었다. 분명 젭에게도 타우와의 만남은 '필연' 이었으리라. 젭에게 타우는 인생을 바꾸어 준 소중한 멘토(Mentor)였던 것이다.

젭과 타우는 맑게 빛나는 은하수의 물결을 보면서 아무 말 없이 깊은 생각에 잠겨 있다. 오늘은 유달리 하늘이 더 맑은 것 같다.

별을 보면서 잠든 것 같았는데, 새벽을 알리는 새소리에 잠에서 깨어났다. 주위를 둘러보았지만 아무도 없다. 젭은 타우가 늘 앉아 있던 나무를 쳐다보았다. 그곳에도 타우는 없었다. 젭은 큰 소리로 타우를 불러보았다.

"어디 계세요? 놀리지 마세요!"

새들만 요란하게 지저귈 뿐 아무도 보이지 않는다. 젭은 뚜벅뚜벅 타우와 함께 있던 나무 아래로 걸어갔다. 순간 사명문을 보았는데, 뭔가 달라져 있었다. 목에 걸기 편하도록 굵고 튼튼한 줄기로 끈이 묶여져 있었던 것이다.

'내가 잠든 사이에 주무시지 않고 이것을 만드셨구나.'

그리고 옆을 보니 타우가 땅 위에 정성스럽게 편지를 써 놓은 것이 보였다. 젭도 타우와의 이별에 대해 생각이 많았는데, 타우도 마찬가지였나 보다. 그동안 많은 인연들과 만남과 헤어짐을 거치면서 익숙해질 법도 한데, 이별은 항상 낯설었다.

젭은 편지를 뚫어지게 바라보았다. 그동안 타우가 베푼 은혜와 가르침을 생각하니 가슴이 뭉클해졌다. 오직 젭을 위해서 늙은 몸으로 정든 고향을 등지고 뙤약볕이 내리쬐는 삭

막한 사막을 건넜으며, 낯선 라팔루 숲에서도 때로는 친구
가, 때로는 스승이 되어주었던 소중한 분이다. 눈시울이 뜨
거워진다. 타우에게 반드시 해야 할 말이 있는데, 기회를 주
지 않고 떠나버린 것이 젭은 야속하기만 하다.

젭은 타우가 정성스럽게 끈을 만들어준 사명문을 들고,
여느 때보다 더 간절하고 비장한 마음으로 편지를 읽어내려
갔다.

소중한 젭에게

젭! 이렇게 편지로 너와의 헤어짐을 준비하는 이 할아버지를 이해해 주기 바란다. 너의 눈을 보고는 헤어질 엄두가 도저히 나지 않는구나. 지난 300여 년 동안 수많은 인연들을 만났지만, 그중에서도 너와의 인연은 아주 각별했다. 내가 너의 인생에 조금이나마 보탬이 된 것 같아 몹시 기쁘고 행복하구나. 이런 기쁨을 느끼게 해준 너에게 감사하는 마음뿐이다.

젭! 너는 반드시 너의 사명과 소중한 꿈을 이루리라 확신한다. 인생을 오래 살다 보면 직관이라는 것이 발달하는데, 너를 보면 반드시 꿈을 이루리라는 확신이 드는구나.

너에게 앞으로 수많은 일들이 일어날 것이다. 기쁘고 행복한 일도 있는 반면, 힘든 일도 있을 게야. 하지만 힘들 때마다 더욱더 커가는 제빌의 위대한 족장이 되기를 바란다. 큰 꿈을 가지렴! 젭, 너와의 소중한 인연을 평생 간직하며……

- 타우

더 나은 내일을 위해

젭이 열심히 훈련을 하고 있을 때, 타우는 잠시 시간을 내어 라팔루 숲을 둘러보고 있었다. 그리고는 낮은 가지에 앉은 새 한 마리를 발견하고 눈이 커졌다. 예전에 자신이 가르침을 주었던 총명한 '가마후' 였던 것이다.

"아니, 가마후. 이곳에 웬일이냐?"

"어머나, 타우 할아버지!"

놀라기는 가마후도 마찬가지였다.

"저는 할아버지의 가르침을 받은 이후, 잠재의식을 통해 저의 본질을 깨닫고 이곳 라팔루 숲의 새무리에서 어린 새들을 가르치고 있어요."

"오~ 그랬구나. 오래 살다 보니 이렇게 옛 제자도 만나게 되는구나."

"네, 정말 신기하네요. 저도 타우 할아버지와 헤어질 때는 너무나 슬펐고 다시는 못 만날 줄 알았는데……. 이렇게 다시 옛 스승을 만나니 감회가 새롭네요."

　타우는 만남과 헤어짐이 결국은 하나의 연결고리로 순환하고 있는 것임을 새삼 깨닫는다. 그리고 계속적인 자기계발로 더욱 성숙해진 가마후를 보며, 젭도 나날이 성장하여 본인의 자랑스런 제자가 될 것임을 더욱 확신하게 되었다.

요즘은 자기계발에 관한 모든 것들이 주목받고 있다. 그렇다면 지금 이것이 사회적 화두로 등장한 배경은 무엇일까? 아마도 급변하는 사회 패러다임(Paradigm) 때문일 것이다.

현대사회의 가장 큰 변화는 무한경쟁과 성과 중심으로 개개인을 평가한다는 것이다. 이러한 경쟁에 대처하는 방법은 자신의 가치를 높이는 것 외엔 없다. 그래서 모두들 아침 일찍 영어학원을 다니고, 업무 성과를 위해 야근을 하며, 주말을 투자해 자기계발에 몰두하고 있는 것이다.

또 '평생직장'의 시대에서 '평생직업'의 시대로 변화하고 있다. 이런 시대의 흐름을 읽지 못한다면 인생의 후반기는 암울해질 것이다. 이제 우린 주저하지 말고 도전해야 한다. 새로운 환경에 대해 인내심을 가지고 새로운 도전의 길을 찾아야 한다. 그리고 도전을 성공으로 이끌어줄 마음의 훈련이 필요하다.

타이거 우즈는 「나는 어떻게 골프를 치는가」라는 책에서 골프를 '기회를 이용하고 실수를 최소화하는 것'이라고 했다. 그가 마음을 다스리는 최고의 방법으로 꼽은 것은 '빨리 잊기'이다. 때로는 자신에 대한 노여움을 폭발시켜도 좋지만, 자신에게 맞는 방법을 찾아야 할 것이다.

또 다른 방법은 늘 '긍정적으로 사고하기'이다. 부정적인 생각이 아예 들지 않도록 자신을 다스리는 것이다. 그리고 중요한 것이 '승부욕'이다. 마지막 공이 들어갈 때까지 골프는 끝난 것이 아니기 때문에 결코 중간에 포기해서는 안 된다.

변화의 속도가 빠를수록 사회적 혼란은 심화된다. 사회 변화의 속도에 따라 꿈과 열정을 실현시키기 위한 도전의 방법도 달라진다. 결국 급격한 대규모의 변화에 대한 이해와 적응이 필요한 것이다.

생활 영역이 확대되고, 새로운 직업과 조직이 생겨나며, 신분 중시에서 능력 위주로 변화한다는 것은 어떤 의미에서는 기회라 할 수 있다. 이것은 개성과 다양성이 존중된다는 것이다. 따라서 남과 경쟁하는 것이 아니라 바로 자기 자신과 경쟁하여 능력을 키워야 한다.

다시 돌아온 젭의 당당함

젭은 타우가 정성스레 만들어준 사명문을 목에 걸고 제빌족이 있는 곳을 향해 걸어간다. 누가 봐도 늠름하고 매력적인 수컷이다. 지난 혹독한 훈련 뒤에 더욱 근육질의 우람한 자태를 자랑하게 되었다. 또한 쉽게 상대할 수 없는 강인함도 느낄 수 있었다.

단련된 육체만큼이나 정신세계와 사고가 확장되어, 젭의 내면에는 '자신감, 절대긍정, 열정, 배려, 감사, 리더십'이 꽉 차 있었다. 내면의 당당함이 단련된 신체와 조화를 이룬 멋진 모습이었다.

'아버지와 엄마가 살아계셨다면 얼마나 기뻐하셨을까?'

젭은 먼 하늘을 쳐다보며 미소 짓고는 고향을 향해 힘차게 달려간다. 초원에서 전속력으로 먼지를 자욱하게 날리며 달리는 젭의 모습은 정말 멋있었다. 그 속력이 어찌나 빠른지 사자인 줄 알고 다른 동물들이 놀라 달아나기도 했다.

얼마 후 젭은 제빌족이 보이는 큰 언덕에 도착하였다. 그곳에 멈춰서서 제빌을 바라보았다. 밖에서 보이는 제빌은 언제나 평화로워 보인다. 하지만 젭은 안다. 밖에서는 평화로워 보이지만, 제빌족의 얼룩말들은 항상 불안한 마음으로 한 눈으로는 주위를 살피며 풀을 뜯고 있다는 것을 말이다.

순간 젭은 사라 생각이 났다.

'사라도 아름답게 변했겠지?'

젭은 언덕에 서서 한참 동안 고향 마을을 바라보았다. 어떻게 마을로 돌아가야 할지 떠오르지 않았다. 마침내 마음을 가다듬고 포근한 고향 마을로 돌아간다고 생각하고, 편안한 마음으로 제빌을 향해 걸어갔다.

제빌에 도착할 무렵 감미로운 내음이 젭의 코끝에 느껴졌다. 단번에 그것이 누구의 체취인지 알 수 있었다. 아버지 라온과 엄마 수라와 함께 제빌을 생각하면 제일 먼저 떠오르는 얼굴, 바로 사랑하는 사라였다. 젭은 감미로운 체취가 나는 쪽으로 고개를 돌렸다. 그곳에는 마치 시간이 멈춘 듯한 자세로 자신을 바라보고 있는 한 마리의 아름다운 암컷이 있었다. 젭은 떨리는 마음으로 사라에게 다가갔다. 사라는 마치

한 발짝도 움직일 수 없는 것처럼 그 자리에 서 있었다.

사라의 눈가에 이슬이 맺혔다. 젭의 가슴에도 애잔함과 아련함이 묻어나왔다. 무슨 말을 할 수 있을까? 젭은 조용히 다가가 사라를 꼭 안아주었다. 따사롭고 행복했다. 이 세상을 다 얻은 것 같았다.

얼마 후 그들 주위가 소란스러워졌다. 추방당했던 젭이 돌아왔다는 소문이 벌써 제빌족에 쫙 퍼진 모양이다. 위대한 족장이었던 라온을 존경하는 제빌의 얼룩말들은, 내심으로

는 몰라보게 성숙하고 늠름해진 모습으로 돌아온 젭이 무척이나 반가웠다. 하지만 겉으로 그 감정을 드러내지는 못하고 있었다.

추방당한 얼룩말과 내통한다는 누명을 쓰게 되면, 현 족장인 뤼게에게 가차 없이 추방당하거나 죽임을 당하기 때문이었다. 그래서 대부분의 얼룩말들은 반가운 얼굴을 하고 있었지만, 감히 나서서 젭을 반갑게 맞이하지는 못하고 있었다. 젭도 그 사실을 충분히 알고 있기에 기쁜 얼굴로 자신을 찾아와 준 것만으로도 얼룩말들에게 감사한 마음이었다.

그때 한 마리의 늙은 얼룩말이 젭에게 다가와서 꼭 안아 준다. 세실 할머니였다.

"젭! 늠름한 제빌의 전사가 되어 돌아왔구나. 지금까지 산 보람이 있구나. 내 반드시 이런 날이 올 거라 생각했어. 내 예상이 틀리지 않은 게야."

세실 할머니는 대견하다는 듯이 젭의 머리를 쓰다듬는다.

"세실 할머니, 여전히 고우세요. 건강은 어떠세요?"

"물론 건강하지."

세실 할머니는 젭의 머리를 쓰다듬다 말고 조용히 귓속말로 속삭인다.

"마을의 얼룩말들도 네가 이런 모습으로 돌아오기를 얼마나 기다렸는지 모른다. 사실 뤼게 족장에 대한 불만이 이만저만이 아니란다. 리더십도 없고, 먹거리도 못 만들고, 사자에 대항할 대비책도 없단다. 그리고 그의 아내인 베라에 대한 평판도 별로 좋지 않단다. 지금 네 주위에 몰려 있는 저들의 눈을 보렴. 너를 얼마나 반갑게 맞고 있는지."

예상은 했었지만 이 정도일 줄은 몰랐다. 멀리서 보는 제빌은 언제나 평온하지만, 가까이 와서 보니 이미 민심은 지도자를 떠나 있었다. 젭은 찬찬히 주위의 얼룩말들을 둘러보았다. 모두의 눈빛에서 반가움과 함께 간절한 무언가를 느낄 수 있었다. 그중에는 눈물을 흘리는 얼룩말들도 있었다. 늠름하고 강인하게 자라준 젭에 대한 반가움과 고마움의 눈물이었다.

한편, 젭이 돌아왔다는 소문은 뤼게와 베라의 귀에까지

들어갔다. 뤼게로서는 젭이 돌아왔다는 사실만으로도 불쾌했다. 추방당한 얼룩말이 다시 돌아온 것은 자신에 대한 도전이기 때문이다. 베라도 젭이 돌아왔다는 것이 불쾌하고 괘씸했다.

"여보, 젭이라는 녀석이 돌아왔다고 해요. 어떻게 이럴 수가 있지요. 이는 바로 당신의 권력에 대한 도전이에요! 뭔가 조치를 취해야 할 것 같아요."

불쾌한 마음을 간신히 억누르는데, 베라의 이야기를 들으니 뤼게도 감정이 폭발한다.

"젭, 이 녀석! 감히 제빌의 족장인 나의 말을 무시하고 나를 놀려? 가만두지 않을 테다! 이 고얀 녀석!"

비록 리더십과 지략은 둔하나, 뤼게 나름대로 힘에 있어서는 자신이 있다고 생각했다. 비록 민심은 뤼게를 떠나 있었지만 그래도 굳건히 족장의 위치에 있는 이유는, 바로 그의 엄청난 힘 때문이었다. 간간이 몇몇 청년 얼룩말들이 뤼게에게 도전하였으나, 번번이 실패하여 모두 추방을 당한 터였다. 그만큼 힘과 체력적인 면에 있어서는 아직까지 제빌에서 뤼게를 당할 만한 얼룩말이 없었다.

제빌족의 얼룩말 중에서 아첨하는 몇 마리만이 뤼게에 동조하고 있었는데, 자기의 배를 채우기 위해서이지 존경심과 경외감으로 따르는 것은 아니었다.

감정이 폭발한 뤼게는 좀처럼 자기의 분노를 억누를 수가 없었다. 측근들에게 시켜서 당장 젭을 자기 앞으로 데려오게 했다. 하지만 한 시간이 넘게 기다려도 돌아오지 않았다. 뤼게는 좀처럼 화가 가라앉지 않는지 왔다 갔다 하였다. 잠시 후 젭을 데려오기 위해서 나갔던 얼룩말들이 머리를 긁적이며 돌아왔다.

"도대체 어떻게 된 거야! 젭은 어떻게 하고 너희들만 온 거야! 어서 말해봐!"

아첨배들은 더욱 기어들어가는 목소리로 말한다.

"뤼게 족장님, 말씀드리기는 송구스럽지만 젭이 오지 않겠다고 합니다."

"뭐야! 이런 괘씸한 것이 있나! 추방당한 녀석이 제멋대로 고향으로 돌아오는 것도 나를 능멸하는 것인데, 불러도 오지 않겠다고! 이 녀석이 감히 나의 권위에 도전을 해!"

뤼게의 얼굴이 크게 일그러졌다. 베라도 그렇게 무서운 표정의 뤼게는 처음 보았다. 옆에 있던 얼룩말들도 그 표정을 보고 등골이 오싹하였다.

"그래, 그 녀석이 왜 못 온다고 하더냐?"

"글쎄, 제, 젭이 뤼게님을 족장으로 인정할 수 없다고 합니다."

순간 뤼게와 베라의 눈이 휘둥그레졌다. 뤼게를 족장으로 인정할 수 없다고 이야기한 것은 뤼게에게 결투를 신청을 한 것이나 다름 없었기 때문이다.

"뭐라고! 이 고얀! 히히잉!"

뤼게는 머리 끝까지 치미는 화를 억누를 수 없었는지 크게 고함을 지른다. 그러더니 크게 웃는다. 그 웃음이 한참 동안 멈추지 않는다.

"하하하! 나에게 도전을 하겠다고? 이 녀석이 밖으로 돌아다니더니 눈에 뵈는 게 없는 모양이구나. 감히 나에게 덤비겠다니 가소롭구나. 덤비겠다면 상대해 줘야지. 그동안 몸이

근질근질했는데, 오랜만에 가볍게 운동이나 해야겠구나!"

뤼게로서는 젭이 명령을 거역하고 다시 돌아왔다는 것이 불쾌하고 괘씸했는데, 젭이 스스로 자기의 권위에 도전했으므로 다시 추방할 수 있는 명분이 생겼다고 생각한 것이다. 그것도 여차하면 온전하지 못한 몸으로 다시 추방할 수 있으니 오히려 잘 됐다는 생각이 들었다. 베라도 뤼게의 생각을 눈치채고 옆에서 뤼게를 꼬드겼다.

"호호! 젭이 제정신이 아닌가 보네요. 이런 녀석은 당신이 따끔하게 혼을 내줘야 한다고요!"

옆에서 그들의 이야기를 듣고 있던 아첨배가 한참을 망설이다가 간신히 말한다.

"저, 뤼, 뤼게님, 그게 말입니다. 그리 만만하게 볼 일이 아닌 것 같습니다요."

직접 젭을 본 아첨배는 우선 젭의 우람한 체격에 압도당했고, 목에서부터 발끝까지 이어지는 근육을 보는 순간 할 말을 잃었다. 그리고 젭의 눈에서 뿜어져 나오는 광채는 다른 얼룩말들을 압도하기에 충분하였다.

하지만 뤼게는 그 말을 귀담아들으려 하지 않았다. 오히려 버럭 화를 냈다.

"저 고얀 것을 봤나! 왜 안 오나 했더니, 그래, 그 사이에 젭과 내통을 한 것이냐? 썩 물러가라! 어디 감히 한낱 애송이의 이름을 들먹거리느냐! 내가 가서 본때를 보여줘야겠구나!"

베라도 옆에서 뤼게를 부추긴다.

"여보, 어서 가서 제빌의 족장인 당신의 실력을 제빌의 얼룩말들이 보는 앞에서 보여주세요. 아마 이번 사건이 오히려 당신의 힘을 과시하고, 제빌족을 단결하게 하는 좋은 구실이 될 거예요. 불쌍한 젭 녀석은 당신을 위한 제물이 될 거예요. 호호호!"

뤼게도 그 이야기를 들으니 기쁜 모양이다. 베라를 보며 우쭐대며 말한다.

"하하하! 나를 위한 제물이라. 그래, 내가 나가서 이 뤼게의 힘을 좀 보여줘야겠군."

뤼게는 일어서서 주위를 둘러보았다. 저 멀리에 제빌의 얼룩말들이 모여 있는 것이 보였다. 뤼게는 내심 또 불쾌했다.

"다들 뭐하는 짓거리야! 애송이 한 마리가 다시 온 것을 가지고 저렇게 호들갑이기는!"

뤼게는 투덜거리며 제빌의 얼룩말들이 있는 곳으로 다가간다. 뤼게가 오는 것을 본 제빌의 얼룩말들은 한 차례의 큰 싸움이 있을 것을 직감하였다. 대부분의 얼룩말들은 마음속으로 젭이 꼭 이겨주기를 바라고 있었다. 뤼게의 괴력에 대해서 너무나도 잘 알고 있는 제빌의 얼룩말들이지만, 오늘만큼은 제발 젭이 이기기를 바랐다.

젭을 본 뤼게는 깜짝 놀랐다. 옛날의 라온이 환생한 듯했다. 라온은 뤼게가 수차례 도전했지만 결코 이길 수 없는 상대였다. 하지만 더 놀란 것은 젭의 당당한 체구와 얼굴에서 뿜어져 나오는 자신감이었다. 뤼게는 만만하게 봐서는 안 되겠다고 생각하며 긴장하기 시작했다.

"이 고얀 녀석! 내가 다시는 제빌로 돌아오지 말라고 했거늘. 다시 돌아가거라! 그러면 이번만은 용서해 주겠다."

왠지 모르지만 뤼게로서도 오늘만큼은 싸우고 싶지 않았다. 그래서 젭이 그냥 돌아가주기를 바라고 있었다.

"뤼게! 나의 추방은 당신 혼자만의 일방적인 결정이었습니다. 이미 제빌의 족장으로서의 권위를 잃은 당신의 명령은 듣지 않겠습니다. 나는 다시는 제빌을 떠나지 않겠습니다!"

"뭣이! 이 녀석이! 너의 그 말은 제빌의 족장인 나의 권위에 도전하겠다는 것으로 들리는구나. 병신이 되기 전에 어서 떠나거라!"

"뤼게! 다시 한 번 말하지만 나는 제빌을 사랑하기에 돌아왔습니다. 다시는 제빌을 떠나지 않을 것이니, 그것이 싫다면 권위에 도전하는 것으로 생각하셔도 됩니다."

긴장감이 감돌았다. 주위에 점점 더 많은 얼룩말들이 모여들었다. 마을의 얼룩말들이 커다란 원을 만들고, 그 안에서 뤼게와 젭이 서로를 바라보며 치열한 기 싸움을 하고 있었다.

"이 녀석이 좋은 말로 하니까 이 뤼게의 무서움을 모르는구나. 제빌의 족장인 나의 권위에 도전하는 것으로 받아들여서 너를 응징하겠다.”

“좋습니다!”

이번에는 뤼게가 당황하였다. 지금까지 자기에게 도전했던 얼룩말들에게서는 느낄 수 없는 저 자신감, 그리고 알 수 없는 에너지의 근원은 무엇일까? 이제 피할 수 없는 운명이다. 승리만이 의미가 있을 뿐이다. 누구든지 이 싸움에서 지는 쪽이 제빌을 떠나거나, 심지어 죽을 수도 있다. 그것을 알기에 지켜보는 얼룩말들 모두 숨을 죽이며, 이들의 결투를 지켜보고 있었다. 침 삼키는 소리마저 들릴 정도로 팽팽한 긴장감이 감돌았다.

그중에서도 가장 애타게 이들의 결투를 지켜보는 얼룩말은 바로 사라였다. 사랑하는 이를 만난 기쁨도 잠시, 다시 목숨을 건 싸움을 하는 젭을 바라보는 사라의 마음은 안타까웠다. 결과야 어떻게 되든지, 제발 젭이 다치지 않기만을 바랐다. 간절하게 기도밖에 할 수 없는 자신이 원망스러울 뿐이었다.

“젭! 다시 말하지만, 겁난다면 지금이라도 늦지 않았으니 잘 생각해 보기 바란다."

뤼게는 다시 한 번 젭을 배려하는 척하며 한마디를 건넨다. 묘한 두려움을 느끼면서.

"제빌과 함께하기로 한 나의 생각은 아무도 바꿀 수 없습니다!"

단호하고 확신에 찬 그 목소리가 제빌의 얼룩말들의 마음을 크게 흔들어놓았다.

이제는 서로에게 선택의 여지가 없었다. 둘의 탐색전은 계속되었다. 그런데 뤼게는 섣불리 공격을 못하고 있었다. 단번에 싸움을 끝내기로 유명한 뤼게지만 이번엔 달랐다. 그렇게 하기에는 젭이 너무나 강하다는 것을 직감으로 느낄 수 있었다. 젭은 사실 뤼게에 대한 두려움보다는 태어나서 처음 하는 결투에 대한 긴장감이 더 컸다.

두 마리의 얼룩말이 서로를 노려보며 큰 원을 그리고 있다. 잠시 후 뤼게가 전속력으로 달려오며 그 힘으로 앞다리를 크게 들어 젭을 찍어누르려 한다. 하지만 쉽게 당할 젭이 아니다.

젭도 그 자리에서 순식간에 앞다리를 최대한 들어올려 방어 자세를 취하였다. 자세로 봤을 때는 젭이 불리했다. 뤼게가 좀 더 높게 앞다리를 들어올려 젭의 고개를 찍어 누르려는 순간에, 젭이 날쌔게 고개를 피하며 뤼게의 가슴 쪽을 앞다리로 가격하였다. 그 힘이 얼마나 강했는지 뤼게가 10여 미터나 나가떨어졌다. 거대한 몸통이 '쿵' 하는 소리와 함께 그대로 땅에 떨어졌다. 뤼게의 주위로 먼지가 자욱하게 일어났다.

"켁, 케켁"

뤼게는 숨을 쉴 수가 없을 정도로 고통스러웠다. 뤼게 스스로도 젭의 괴력에 놀라고, 제빌의 얼룩말들도 경악을 금치 못했다. 가장 놀란 것은 젭이었다. 훈련을 통해서 자기 스스로의 힘을 알고는 있었지만, 태어나서 처음으로 맞붙은 결투를 통해서 새삼 자기의 힘이 대단하다는 것을 깨달았다.

뤼게는 가쁜 숨을 겨우 몰아쉬고는 자리에서 일어났다. 사실 뤼게 정도의 체격이었기에 망정이지, 다른 얼룩말이었으면 불구가 되었을 것이다. 뤼게는 실로 체면이 말이 아니었다. 제빌의 족장이 한낱 애송이에게 당했다는 사실에 고개를 들 수 없을 정도로 수치심을 느꼈다. 이왕 이렇게 되었으니, 뤼게는 눈에 뵈는 게 없었다. 차라리 이 자리에서 죽을지언정 이대로 물러설 수는 없었다.

뤼게가 다시 젭에게 다가온다. 뤼게는 가격의 고통을 느끼며 눈에는 분노를 가득 담아 젭을 응시한다. 젭은 한결 여유로운 마음으로 결투에 임한다. 하지만 잠시도 긴강을 늦추지는 않는다. 비록 가격을 당했다고는 하지만 한때는 제빌에서 가장 강인한 체력의 소유자이지 않았는가?

이번에도 뤼게가 먼저 공격을 해온다. 뤼게의 가장 큰 특기인 목 비틀기를 할 태세이다. 하지만 젭도 목 비틀기는 자신이 있었다. 얼마 전에 라팔루 숲에서 번개 맞은 생나무 뿌리를 뽑아내지 않았던가?

뤼게와 젭이 드디어 목을 맞대고 서로의 힘자랑을 시작한다. 뤼게는 순간 당황하였다. 젭의 목이 마치 나무 밑동처럼 딱딱하고, 바위처럼 꿈쩍도 하지 않았기 때문이다. 뤼게가 아무리 힘을 써도 젭은 그 자리에 떡하니 버티고 있었다.

놀라기는 젭도 마찬가지였다. 뤼게가 너무나도 약하다는 사실에 놀라고 있었다. 사실 뤼게가 약하다기보다는 젭의 체격과 체력이 월등한 것이다. 젭은 이 의미 없는 싸움을 빨리 끝내고 싶었다. 그래서 목에 힘을 한 번 주고는 뤼게의 목을 비틀어버렸다.

"우두둑! 쿵!"

뤼게는 순식간에 나가떨어졌다. 여간 창피한 게 아니었다. 더는 젭의 적수가 되지 않는다는 것도 알았다. 하지만 이렇게 물러설 수는 없었다. 뤼게는 순간 일어나는 체하다가 앞발로 먼지를 일으켜서 젭의 눈가에 흙을 뿌렸다.

"아악!"

젭은 외마디 비명을 질렀다. 앞이 하나도 보이지 않았다. 눈을 몇 번을 깜박여도 눈물만 날 뿐 앞이 보이지 않았다. 뤼게가 이 틈을 이용하여 세게 달려와 젭의 배를 들이받았다. '쿵' 하고 젭이 나가떨어졌다.

'괘씸하군! 부정한 방법을 사용하다니."

눈을 힘껏 깜빡이고 나니 겨우 앞이 보이기 시작했다. 주위의 얼룩말들이 웅성거리는 소리가 들렸다. 그 사이에서 사라의 날카로운 목소리가 들렸다.

"젭! 조심해. 뤼게가 공격하러 오고 있어!"

젭은 순간 고개를 돌렸다. 이때를 노려서 뤼게가 전속력으로 젭에게로 다가오고 있었다. 젭도 이제는 봐줄 수가 없었다. 앞다리에 힘을 한껏 주고 뤼게가 오기를 기다렸다. 이윽고 뤼게가 젭에게 달려와서 앞다리를 들어 땅에 누워 있는 젭을 밟으려 할 때, 젭이 순식간에 동작을 취하여 강력한 뒷다리로 뤼게의 가슴과 배 사이를 가격하였다.

"앗!"

뤼게는 제대로 된 공격 한 번 못하고, 30여 미터나 날아가 땅에 처박혔다. 땅에서 일어나지 못했다. 주위에서 웅성이는 소리가 들리기 시작했다.

"뤼게가 죽었나봐? 쯧쯧! 못된 행동만 일삼더니 결국은 저렇게 허무하게 가는군, 쯧쯧!"

뤼게가 작게 움직이기 시작했다. 있는 힘을 다해서 일어나려 했다. 하지만 도저히 일어날 수 없었다. 젭이 뤼게에게 다가가 일어나는 것을 도와주었다. 떨어질 때의 충격으로 한 쪽 앞다리 뼈가 부러지고 목뼈가 심하게 손상되었으며 내장이 파열되었다. 잘만 치료하면 살 수 있기는 하나 얼마 못가서 맹수의 먹이가 될 것이다.

"뤼게! 우리와 함께합시다. 당신은 제가 평생 보살필 게요."

"젭! 내가 졌구나. 제빌족을 잘 부탁하네. 이건 나의 진심이야. 나는 이제 제빌을 떠나고 싶어. 제발 그렇게 해주게. 이건 제빌의 수컷으로서 하는 부탁이야."

뤼게는 다리를 절룩거리며 씁쓸하게 제빌을 떠났다. 석양에 물든 하늘이 오늘따라 유달리 불그스레하다. 노을과 초원 그리고 그 사이로 점점 더 멀어지는 뤼게의 모습에서 젭은 권력의 무상함을 느꼈다.

한편 제빌의 얼룩말들은 놀라움 반, 기쁨 반으로 모두 새롭게 추대된 제빌의 위대한 족장인 젭을 환영한다. 환영의 표시로 일제히 발을 동동 구르며 큰 소리로 환호성을 지른다.

"히히잉! 히히잉!"

수백 마리의 얼룩말들이 일제히 발을 구르는 말발굽 소리
와 환호성 소리, 그리고 자욱하게 쌓이는 먼지로 인해서 일
대 장관을 연출한다. 주위의 동물들도 모두 세링게티 초원을
진동하는 소리와 연기처럼 뿜어지는 자욱한 먼지에 놀라 그
광경을 쳐다보고 있다.

그 사이에서 말없이 눈물만 흘리고 있는 사라가 있었다.
사랑하는 젭이 돌아온 것만으로도 기쁜 일인데 당당하게 제
빌의 족장이 되었으니, 이 모든 것이 그간 자신의 애타는 마
음과 외로움에 대한 태양신의 선물인 것 같아서 감사할 뿐이
었다.

젭은 사라의 맑고 아름다운 두 눈을 응시하며 다가갔다.
그리고 말없이 사라를 꼭 안아주었다. 사라에게서 뿜어져 나
오는 아름다운 살내음이 젭의 코를 기분 좋게 하였다. 엄마
의 품 같은 포근함이 느껴졌다. 순간 젭의 마음 깊숙한 곳에
서 강렬한 열망이 솟구쳤다.

'사라를 나의 아내로 맞이하고 싶다.'

사라를 아내로 맞이한다는 생각은 진작부터 가지고 있었지만, 지금 이 순간처럼 강렬하게 원한 것은 처음이다. 지금 말하지 않으면 평생 후회할 것 같았다.

젭은 용기를 내어 사라에게 말을 건넨다.

"사라."

"응, 젭."

젭은 무슨 말을 해야 할지 막막했다. 순간 아무 생각도 나지 않았다. 가슴이 콩닥콩닥 뛰었다. 갑자기 식은 땀이 나기 시작했다. 보다 못한 사라가 걱정스런 표정으로 묻는다.

"젭, 어디 아픈 거니?"

젭은 아니라는 뜻으로 고개를 젓는다.

'그래, 솔직해지자. 나의 마음을 사라에게 말하자. 사라는 이런 내 마음을 알아줄 거야.'

스스로에게 다짐하는 순간, 용기가 나고 마음이 편안해졌다.

"사라! 내가 제빌에서 추방당하면서 너에게 꼭 돌아올 거라고 했던 말 기억하니?"

사라는 미소를 지으며 고개를 끄덕인다.

"나는 그때 이후로 제빌족과 너만을 생각하며 지내왔어. 내가 이렇게 강인한 체력과 정신력을 가지게 된 것도 모두 제빌족과 사라 너 때문이었어. 반드시 돌아오겠다는 말을 꼭 지키고 싶었어. 너무나도 보고 싶었지만 이 날을 위해서 그 마음을 참았지. 이제는 꼭 너에게 말하고 싶어."

젭은 크게 한 번 심호흡을 하고, 당당하게 사라를 바라보며 말했다.

"사라! 나의 아내가 되어줘. 너와 함께 이 세렝게티의 초원을 거닐고, 너와 나를 닮은 우리의 아이들과 함께 행복을 만끽하고 싶어. 그래 주겠니?"

이번에는 사라의 얼굴이 홍당무처럼 빨개졌다.

모든 암컷들은 사랑 고백의 순간을 상상하며 자란다. 사실 사라도 이렇게 젭에게서 사랑 고백을 받는 순간을 얼마나 많이 상상하였던가? 사라는 눈을 감았다. 말로 형언할 수 없는 행복감에 젖었다. 지금 이 순간의 행복이 꿈이 아니기를 간절히 바랬다. 다시 눈을 떴다. 긴장된 얼굴의 젭이 보인다. 꿈이 아니라 현실이었다.

사라는 빨갛게 상기된 얼굴을 하고 말없이 고개를 끄덕였
다. 그리고 조용히 눈을 감았다. 젭도 떨리는 마음으로 사라
의 얼굴을 비볐다. 고동치는 심장이 마치 터져버릴 것만 같
았다. 세렝게티의 저녁 노을을 배경으로 두 마리 얼룩말의
사랑이 한 폭의 그림처럼 아름다웠다.

내가 있어야 할 자리

제빌족의 어린 얼룩말들이 머물던 곳에서 조금 떨어진 곳으로 야외 학습을 나갔다. 멀리서 사자가 오는지 경계를 늦추지 않는 긴장된 분위기였지만, 모처럼 나온 야외 나들이는 어린 얼룩말들이 들뜨기에 충분하였다.

그중에는 자신이 얼룩말이라는 것에 불만을 가진 '새로'라는 녀석이 있었다.

'난 왜 얼룩말인 걸까? 사자한테 항상 도망만 다녀야 하고, 눈치만 살펴야 하잖아.'

그때 멀리서 기린 한 무리가 여유롭게 높은 나뭇가지의 잎사귀를 따고 있었다.

'와! 저 멋진 목 좀 봐. 옳거니! 이제 난 기린이 되어야지. 저렇게 목이 길면 맹수들한테 공격당하기 전에 얼른 도망갈 수도 있고 참 좋을 거야.'

그리고는 몰래 얼룩말 무리에서 빠져나와 기린 무리 속으로 들어갔다. 다른 얼룩말들은 새로가 없어진 줄도 모르고 한창 신나게 나들이를 즐겼다.

한편, 기린들 무리 속으로 온 새로는 기린들을 흉내내며 높은 나뭇가지를 향해 목을 뻗었다. 그러나 한참을 노력해도 나뭇잎은커녕 목만 아플 뿐이었다.

'어휴, 힘들다. 왜 난 기린처럼 안 되지.'

새끼 기린이 가소롭다는 듯이 새로에게 다가오며 말을 건넨다.

"이봐, 얼룩말. 뭐하니?"

"난 이제 기린이 될 거야. 너희들처럼 멋지게 살 거라고."

"하하. 말도 안돼. 우리가 기린인 건 우리가 원해서 된 게 아니야. 이게 우리의 운명이며, 살아가는 위치인 거야."

"뭐?"

"넌 아무리 원해도 기린이 될 수 없어. 얼룩말로 태어났고 그게 너의 살아가는 위치인 거야. 잘 생각해 봐."

새로는 실망스러웠지만 아픈 목을 매만지며 생각했다.

'그래, 난 얼룩말이지 참. 내가 있어야 할 곳은 저 얼룩말

무리인데. 그 위치에서 더 연습하고 노력해서 나만이 할 수
있는 일을 찾아야겠어.'

새로는 힘차게 달려가, 어린 얼룩말의 야외 나들이에 다
시 참여했다.

율곡은 인생의 목표를 정하고, 그것을 실천해 나갈 구체적인 방안으로 '자경문(自儆文)' 을 지었다.

첫째, 뜻을 크게 가지자.

둘째, 마음을 안정시키자.

셋째, 혼자 있는 것을 삼가자.

넷째, 언제나 할 일을 먼저 생각하자.

다섯째, 일에 있어서는 성의를 다하자.

여섯째, 옳지 않은 일은 절대 하지 말자.

일곱째, 자세를 항상 바르게 하자.

여덟째, 방심하거나 서두르지 말자.

율곡은 인생을 설계하는 데 있어서 무엇보다도 '뜻을 세우는 것(立志)' 을 가장 중요하게 생각했다. 그리고 그 이유에 대해 "만약 뜻이 서지 않으면 모든 일이 성공하지 못하기 때문이다" 라고 말하였다.

이처럼 자신에 대해 깊이 이해하고, 자신의 나아갈 뜻을 세우는 것은 평생을 살면서 아주 중요한 일이다. 자신의 자리를 제대로 알아야만 사명감을 가지고 임할 수 있기 때문이다.

세상의 모든 것들은 각자 있어야 할 자리가 있다. 꽃병에 꽃이 있어야 하고, 물속에 물고기가 있어야 하는 것처럼 매우 당연한 이치다. 그렇다면 과연 나의 위치는 어디인가? 내가 있어야 할 곳에서 나의 본분을 다할 때, 그 일은 더욱 보람되고 효과적이다.

이를 위해서는 먼저 '나'에 대한 정확한 이해가 있어야 한다. 헤밍웨이는 '나에 대한 사람들의 평가는 내가 스스로를 어떻게 평가하느냐에 좌우된다'고 하였다. 지금이라도 자신을 깊이 있게 되돌아보는 시간을 가지고, 타인에 의해 평가되는 것이 아닌 오로지 나만의 위치를 찾도록 하자.

위대한 리더의 비전

젭은 언제나처럼 새벽에 일어나 오팔거울을 꺼내고 한 글자 한 글자에 집중하여 사명문을 읽어내려간다. 이 얼마나 벅찬 새벽인가? 제빌에서의 새벽, 그렇게도 꿈에 그리던 제빌에서의 새벽맞이가 결국 현실이 되었다.

지난 밤, 젭과 사라는 아름답고 행복한 밤을 보내고 부부의 인연을 맺었다. 젭은 미소를 지으며 사라의 목덜미를 쓰다듬었다. 사라도 그러한 젭의 손길을 느끼며, 이 세상에서 가장 행복한 암컷의 모습으로 미소를 지으며 눈을 뜬다. 둘은 서로의 머리를 기대어 저 멀리 세렝게티 초원의 지평선을 바라보았다. 저 멀리 지평선 너머로 거대한 불덩이가 조금씩 모습을 내비치더니, 이글거리는 모습으로 세렝게티 초원의 모든 생명체들을 비춘다. 젭과 사라는 행복한 모습으로 서로의 눈을 바라보며 미소 짓고는 태양신의 춤을 감상한다.

그렇게 얼마의 시간이 지났을까? 젭과 사라의 주위로 제빌의 얼룩말들이 하나 둘씩 모여들더니, 수백 마리의 얼룩말

들이 에워쌓다. 그리고 가장 연장자인 세실 할머니가 나서서
부족의 얼룩말들에게 말했다.

"제빌족 여러분! 제빌의 전통에 따라 어젯밤 원로회의에
서 젭을 제빌의 위대한 족장으로 추대하는 것을 만장일치로
통과시켰습니다. 이제 제빌의 얼룩말 여러분에게 묻습니다.
젭을 우리 제빌의 위대한 족장으로 추대하는 것에 동의하십
니까?"

제빌의 얼룩말들은 일제히 발을 동동 구르며, 큰 소리를 내어 환영의 뜻을 전한다. 어제 저녁과 마찬가지로, 순식간에 자욱한 먼지가 하늘 끝까지 올라가 마치 천지가 진동하는 듯한 소리가 세렝게티 초원에 울려퍼졌다.

젭의 긴 목줄기를 타고 전율이 느껴졌다. 그 속에는 간절함과 절실함이 있었다. 모두가 진정으로 제빌과 제빌의 얼룩말을 사랑하는 강력한 지도자를 원하고 있음을 그들의 눈을 통해서 확인할 수 있었다.

젭은 수락의 뜻으로 지난 2년여 동안 자기에게 있었던 모든 일들을 이야기하기 시작했다.

'제빌에서의 추방, 타우 할아버지와의 만남, 나를 찾기 위한 여정, 모니타 호수의 정령을 만났던 일, 끝도 없는 긴 사막을 통과한 일, 라팔루 숲에서의 정신 및 육체강화 훈련……'

이야기를 듣는 제빌족의 얼룩말들은 때로는 진지한 표정으로, 때로는 젭의 고통이 마치 자기의 고통인 양 눈물을 흘리면서, 새 족장의 이야기를 경청하였다.

젭이 그랬던 것처럼 제빌의 얼룩말들도 긍정적 잠재의식과 자신감을 극대화하기 위한 사명문과 드림리스트의 활용, 그리고 오팔거울 이야기가 나올 때는 신기함과 호기심을 보였다.

젭은 한 손에 오팔거울을 번쩍 들었다. 강렬한 태양빛이 그 오팔거울을 통과하여 대지 위에 선명하게 젭의 사명문과 드림리스트를 그려냈다. 제빌족의 얼룩말들은 일제히 경탄을 금치 못했다.

"우와!"

"왜 제가 제빌에서 추방당했는지 아십니까? 저는 사자의 먹이가 될 수밖에 없는 우리의 운명을 바꾸어보려고 노력하다가, 결국 뤼게의 미움을 받아서 추방당했습니다. 하지만 지금의 저를 보십시오. 저는 이제 사자가 두렵지 않습니다. 저의 잠재의식을 극대화하고, 체계화된 체력강화 훈련을 했기 때문입니다. 긍정적이고 자신감 있는 잠재의식을 키우기 위해 매일 이 오팔거울에 새겨진 사명문을 큰 소리로 읽고, 명상을 하며 사자를 이기는 상상을 했습니다. 그러고 나니 놀라운 변화가 생겼습니다. 처음에는 '과연 내가 사자를 이길 수 있을까?' 하는 의심이 있었지만, 이제는 '사자쯤이야 반드시 이길 수 있다!' 는 자신감으로 변하게 되었습니다."

젭은 말을 이어갔다.

"어제 저의 괴력을 보셨습니까? 그것이 바로 증거입니다. 이 제빌족에 수천 년 동안 이어져 내려온 운명론적인 사고인 '나는 언젠가는 사자의 밥이 될 것이다' 라는 것을 머릿속에서 지워버렸습니다. 제가 했으면 여러분들도 할 수 있습니다. 저는 강인한 체력과 정신력을 통하여 강력한 제빌족을 건설하겠습니다. 이제 한 마리의 얼룩말도 사자의 먹이가 되는 일이 없도록 하겠습니다."

젭의 목소리는 확신에 차 있다.

"제가 경험한 것들을 프로그램화하고 제빌의 대표 사명문으로 하겠습니다. 그리고 두 살부터 열 살까지의 얼룩말들은 매일 두 시간 이상 제가 했던 방법으로 체력 훈련을 병행하겠습니다. 또한 사자와 같은 맹수의 공격에 대비하기 위한 새로운 경보, 방어, 공격 시스템을 만들겠습니다. 여러분들의 적극적인 협조가 필요합니다.”

젭이 말하는 시스템은 이러하다. 먼저 훈련의 성과가 가장 좋은 얼룩말 네 마리를 선발하여 제빌족이 정착해 있을 때나 이동 중에 제빌족 무리에서 동서남북으로 200미터 정도 떨어져서 사자의 공격에 대비하게 한다. 사자들의 가벼운 공격은 직접 막아내며, 사자들의 공격이 감지되면 제빌족 무리들에게 알리는 역할을 한다.

또한 훈련의 성과가 좋은 30마리는 이동할 때나 사자의 공격이 있을 때, 직접적으로 사자의 공격에 대응한다. 그리고 노약자나 부녀자, 어린 얼룩말들은 이동시 가장 중간의 안전한 곳에 배치하여 맹수의 공격이 미치지 못하도록 한다는 것이다.

여기저기서 얼룩말들이 웅성거리기 시작했다. 놀라운 표정을 짓기도 하고, 말도 안 된다고 생각하기도 했다.

“두려운 것이 당연합니다. 하지만 지금의 저를 보십시오. 저도 여러분과 같은 얼룩말입니다. 하지만 제가 해내지 않았습니까! 이제 운명 같은 것은 걷어차 버리십시오.”

젭의 연설이 끝났다. 누군가 먼저 소리를 질렀다.

"히히잉!"

그 소리에 맞추어 제빌의 얼룩말들이 일제히 소리를 내질렀다. 수락의 뜻이었다. 그 에너지에 젭 또한 큰 감명을 받았다. 이러한 에너지라면 강력한 제빌의 건설은 반쯤 이룩된 것이나 다름없었다. 이제 서서히 제빌의 새로운 역사가 시작되는 순간이었다.

그때 저 멀리서 한바탕 소란이 일어났다. 얼룩말들이 두 마리의 얼룩말을 끌고 젭에게로 데려왔다. 베라와 그의 아들, 제루였다.

"족장! 이 두 마리의 얼룩말들도 관례에 따라서 추방해야 합니다. 이들은 뤼게와 함께 우리 제빌의 얼룩말들에게 큰 고통을 주었습니다."

모두들 그 말에 동의하는지 고개를 끄덕였다. 베라와 제루는 얼굴을 들지 못하고 땅만 쳐다보고 있었다. 젭은 잠시 여러 생각에 잠겼다. 그리고 따뜻한 부족의 건설을 위해 이들을 포용하는 것이 옳다는 결론을 내렸다.

“나는 이들을 포용할 것입니다. 누구보다도 이 모자에게서 큰 상처를 받은 것은 저입니다. 하지만 이제는 용서하려 합니다. 오늘 이 자리에서 묻겠습니다. 지나간 일은 잊고, 강인하고 따뜻하며 위대한 제빌을 건설하는 데 누구보다도 앞장서서 헌신하고 봉사하겠습니까?”

베라와 제루는 부끄러워서 차마 고개를 들지는 못하지만, 새로운 족장 젭의 아량에 자기들의 지난 날을 반성하는 표정이었다.

“이제 지나간 과거는 모두 잊읍시다. 제가 이들을 용서한 것처럼 여러분들도 용서하시기 바랍니다. 우리에게는 오직 새로운 희망과 미래만이 있을 뿐입니다.”

“히히잉!”

모두들 다시 한 번 동의의 뜻으로 하늘 높이 고개를 쳐들어 크게 외친다. 미래의 꿈을 찬양하듯이 기쁨의 환성을 지르고 있다.

리더십이 필요한 순간

좋은 초목을 발견한 얼룩말들은 비상시를 대비해 풀 모으는 작업을 하고 있다. 먼저 적당히 배를 채우고 각자 열심히 가족들을 위해 풀을 모은다.

큰 나무 밑에 한 묶음, 큰 바위 옆에 한 묶음, 작은 가시덩굴 옆에 한 묶음……. 하지만 풀은 쌓이기는커녕 오히려 여기저기 흩어져 버린 결과가 되었다. 서로 더 많이 모으겠다고 경쟁을 하는 것이 원인이다.

어느 한 곳에 위치를 정하여 모아놓으면 비상시에 그곳만 지키면 되는데, 이렇게 흩어놓으면 관리도 어렵고 결국 헛수고만 한 것이 되기 쉽다.

젭은 모두들 자신의 이익을 생각하느라 공동의 목표를 잊고 있는 것이 안타까웠다. 이대로 가다가는 사자들이 갑자기 공격하면, 흩어진 풀들을 모두 버리고 도망가야 될 경우가 생길 수도 있다. 젭은 얼룩말들을 불러모았다.

"여러분, 우리의 사명은 무엇입니까? 정녕 자신의 이익만을 추구하는 이기적인 것입니까? 함께 해야 합니다. 함께 모아야 적은 풀들이 모여 사자가 공격하는 비상시에 필요한 식량이 될 수 있고, 모두 노력하여 지켜낼 수 있습니다. 이렇게 곳곳에 쌓아놓으면 제대로 지켜낼 수 없습니다. 다같이 한곳에 모읍시다!"

사자라는 말에 모든 얼룩말들은 일순간 조용해졌다. 그렇다. 단지 개인의 행복만을 추구하다가는 모은 풀들도 다 먹지 못하고 사자 밥이 될 수 있다.

이제 제빌의 얼룩말들은 풀을 따로 모으지 않는다. 젭의 말대로 정해진 곳에 풀을 모으게 되었다. 그리고 풀이 쌓여갈수록 좋은 지도자를 만난 것에 감사하게 되었다.

IBM, HP, Apple 등 세계적인 기업과 국내 대기업 CEO의 연봉에 관한 기사들을 읽은 적이 있다. 그들의 연봉은 적게는 수십만 불에서 많게는 수천만 불이 넘는다. 그런데 그들의 연봉은 매우 '합당'한 것이다.

Nissan이나 Apple과 같은 기업들은 기업이 위태한 순간에 곤이나 잡스와 같은 유능한 CEO에 의해 다시 경쟁력 있는 흑자기업으로 거듭났다. 즉, 능력 있고 리더십이 있는 CEO가 회사를 잘 꾸려서 고용을 확대하고 회사를 내실 있게 키우고 벌어들인 수익의 일부를 사회에 환원함으로써, 많게는 수조 원의 경제적 효과를 가져왔다. 그러니 능력이 검증되고 실적이 높은 CEO에게 수백만 불의 연봉을 주는 것은 어찌 보면 당연한 것이다.

회사뿐만 아니다. 가정과 사회, 넓게는 국가도 이처럼 리더의 역할이 어느 때보다 중요해졌다. 즉, 절대강자가 수익의 대부분을 독식하는 신경제체제에서 리더의 자리는 더 큰 비중을 차지하게 된다. 그렇다면 과연 바람직한 리더의 조건은 무엇인가?

1. 리더는 비전을 제시해야 한다.

리더는 조직의 비전을 제시할 만한 능력이 있어야 한다. 특히 조직의 비전과 그 조직에 몸 담고 있는 개인의 비전을 동기화하기 위해 노력해야 한다. 조직의 발전과 성장은 개인의 그것과 궤를 같이 해야 하며, 이는 조직과 개인의 꿈과 비전이 일치할 때 큰 효과를 발휘하게 된다.

2. 리더는 어려울 때 자기의 부하를 감싸줄 수 있는 포용력이 있어야 한다.

리더는 자기가 소신을 가지고 지시한 일에 대해서는 밖으로부터의 외풍을 막아서 부하들이 믿고 따를 수 있는 환경을 조성해 주어야 한다. 공은 자기가 취하고, 과실은 부하에게 떠넘긴다면 부하들은 성심으로 따르지 않을 것이고, 그러한 조직은 얼마 못가서 와해될 것이다.

3. 리더는 도덕적이어야 한다.

리더의 조건 중에서 '도덕성'은 가장 기본 중의 기본이다. 특히나 모든 정보들이 공개되는 현대의 사회 문화적 환경에서 부도덕한 행위는 과거보다 쉽게 발각되며, 그러한 평판은 관련 업계에 쉽게 퍼져서 더 이상의 활동을 못하게 될 가능성이 높다. 비록 얼마간은 부도덕한 행위를 감출 수 있다고 하더라도, 도덕성이 의심되는 리더를 둔 부하들은 리더가 없는 자리에서 험담을 할 것이고, 이는 궁극적으로 리더십의 부재를 초래한다.

4. 리더는 일관성이 있어야 한다.

리더는 모든 일의 처리에 있어서 일관성이 있어야 한다. 기준이 없는 일 처리는 조직원들의 혼란을 가져오며, 그러한 조직은 위기의 순간에 쉽게 무너질 것이다.

5. 리더는 봉사정신이 있어야 한다.

리더가 폼나는 일만 해서는 곤란하다. 오히려 힘들고 어려운 일을 자처해서 하는 자세가 필요하다. 그러한 리더의 모습에 조직원들은 감동을 받게 되고, 주인의식을 가지게 된다.

6. 리더는 자기보다 훌륭한 사람을 잘 이용해야 한다.

리더 중에는 자기보다 뛰어난 부하들을 견제하고, 미리 싹을 잘라버리는 사람들이 있다. 하지만 진정한 리더는 그러한 사람들을 자기 사람으로 만들어 조직의 성장을 이끌 수 있어야 한다.

7. 리더는 칭찬에 인색하지 말아야 한다.

아직도 우리 주위에는 칭찬에는 인색하고 어색해하는 리더가 많다. 하지만 칭찬만큼 큰돈 들이지 않고 부하들의 사기를 진작시킬 수 있는 방법이 있을까? 진심어린 칭찬은 부하들에게 인정받고 있다는 자긍심을 불러일으키며, 그로 인해 조직의 성과는 크게 향상될 것이다.

시대에 따라서 원하는 리더상은 조금씩 달라지게 마련이다. 불과 수십 년 전만 하더라도 리더의 조건으로 강성의 '카리스마(Charisma)'를 꼽는 사람들이 많았다. 그러나 단순한 권위를 바탕으로 한 카리스마로는 조직을 일시적으로 장악할 수는 있겠지만, 자발적이고 감동적인 조직원들의 참여를 이끌어내지는 못할 것이다.

이제 시대는 변했다. 앞에서 열거한 조건들이 바탕이 되었을 때만이 진정한 리더십이 빛을 발할 것이다.

위대한 제빌족을 위한 첫걸음

젭은 족장이 되자마자 강인하고도 따사로운 제빌을 건설하기 위한 작업에 착수하였다. 먼저, 자기 스스로 약자이며 '사자의 밥'이 될 운명이라는 생각을 가지고 있는 얼룩말들의 잠재의식을 바꾸는 것이 문제였다.

수천 년 동안 내려온 지배적인 가치관과 운명론을 바꾸는 것은 쉽지 않다. 하지만 희망적인 사실은 모든 제빌의 얼룩말들이 젭의 모습을 동경하며, 자기들도 열심히 정진하면 육체적, 정신적 성장을 이룰 수 있다는 꿈을 가지게 되었다는 것이다.

젭은 태양신이 세렝게티의 초원에 그 모습을 드러내기 이전의 새벽에 제빌의 얼룩말들이 함께 모여 명상을 하며, 큰 소리로 낭독할 수 있는 '제빌족의 사명문'을 만들었다. 이 의식은 잠들기 전에도 실시했다. 집단 사명서 낭독의식은 강력한 제빌을 건설하기 위해서 반드시 필요하므로, 모든 얼룩말들이 참여하도록 강제하였다.

사명문은 젭의 주도하에 만들었다. 말라죽은 사고야자 나무판 위에 제빌의 대장장이 얼룩말이 젭의 지시에 따라서 정성스럽게 문구를 새겼다.

집단 낭독의식에 일부는 자발적으로 참여했고, 일부는 족장의 명령에 따라 어쩔 수 없이 참여했다. 청년 얼룩말들의 경우 자발적으로 참여하는 수가 많았는데, 젭처럼 강인한 체력과 정신력 그리고 리더십을 겸비하고자 하는 열망 때문이었다.

강제로 참여했던 얼룩말들 사이에서 처음에는 많은 불만이 나왔다.

"아니, 새로운 족장은 왜 수천 년간 내려온 우리의 운명을 바꾸려고 하는 거지?"

"그러게 말이야. 얼마간 저러다가 족장도 지쳐서 그만두겠지. 우리가 사자를 상대해서 이긴다는 것이 말이나 되는 소리인가?"

제빌족의 사명문

가치 1 : 우리는 정신적, 신체적으로 강인한 제빌족을 건설한다.

· 우리는 제빌의 전사로서 우리 제빌을 지킨다.

· 우리는 강인한 정신력의 소유자다.

· 우리는 강인한 체력으로 맹수와의 싸움에서 승리한다.

· 우리 제빌의 얼룩말들은 서로 도우며, 맹수의 공격에 효과적으로 대처한다.

가치 2 : 우리는 서로 아끼며 돕는 행복한 부족을 건설한다.

· 우리는 기쁜 일은 축하하며, 슬픈 일은 위로하는 따뜻한 제빌족이다.

· 우리는 이웃을 내 가족처럼 아끼고 사랑한다.

· 우리는 서로 나누고 베푸는 삶을 생활화한다.

· 우리는 부족의 일을 나의 일처럼 여기며, 적극적으로 참여한다.

"저러다가 오히려 사자의 밥만 되는 게 아닌지 몰라. 괜히 사자한테 덤볐다가 사자들 좋은 일만 시키는 거지. 사자가 보인다 싶으면 전력 질주해서 도망가는 것이 상책이야. 뭐, 도망가다가 사자한테 잡히면 저세상 가는 거고. 그게 우리들 얼룩말들의 운명인데 족장이 젊고 처음이다 보니 욕심을 많이 부리는 것 같아."

하지만 타의로 참가한 얼룩말들 중에도 약간의 희망을 가진 얼룩말들도 많았다.

"나도 믿기 어렵지만, 우리 족장인 젭을 보면 가능한 이야기 같기도 해. 그 몸과 당당한 자신감 좀 봐. 체격이나 모든 면에서 사자를 압도하고도 남잖아?"

처음에는 확신 없이 집단 사명의식에 참가했던 얼룩말들이었지만, 한 달여가 지나면서부터 놀랄 만한 일들이 생기기 시작했다. 집단 사명의식에 부정적이었던 그룹들 사이에서도 희망과 긍정의 말들이 나오기 시작하였다.

"집단 사명의식 말이야. 그게 뭔가 모를 마법을 가지고 있나봐."

"자네도 그런가? 처음엔 나도 뭐가 바뀐다고 저러는가 싶어서 마지못해 참가했었지. 그런데 점점 내가 바뀌는 게 아닌가? 100% 확신하지는 못하지만, 우리가 노력하면 사자 밥이 되는 얼룩말 숫자를 줄일 수 있다는 생각은 하게 되네. 부정적인 내 잠재의식의 목소리가 바뀌는 것이 신기할 뿐이야. 사명문과 사명문을 낭독하는 말 속에 마법이 있는 것 같아."

이러한 변화의 이면에는 사명문과 병행하여 실시하고 있는 집단 체력단련 프로그램의 영향도 컸다. 하루가 다르게 강화되고 있는 자신들의 체력 변화를 보면서 자신들도 운명을 개척할 수 있다는 생각을 구체적으로 하게 된 것이다.

젭은 라팔루 숲에서 자신이 수행했던 프로그램을 제빌에 맞게 수정하여, 연령에 따라서 프로그램의 강도를 다르게 조정하였다. 이는 제빌의 조기경보 및 집단방어 시스템과 연동되어 실시되었다.

간단한 사자의 공격을 막아낼 네 마리의 전사들은 젭이 라팔루 숲에서 행했던 훈련에 버금가는 양의 훈련을 소화해야 했고, 가까이에서 제빌족 주변을 에워싸는 30여 마리의 청년 얼룩말들도 강도 높은 훈련을 해야 한다. 또한 나머지 암컷 얼룩말과 어리고 노쇠한 얼룩말들은 가장 기본적인 체력단련 프로그램만 소화하도록 하였다.

서로 아끼고 도와주는 따뜻한 제빌을 건설하기 위해서 기존의 공동양육 시스템을 보강하여 법제화하였다. 정상적인 가정의 부모 얼룩말들도 한 달에 한 번은 공동양육 시스템의 보모 역할을 하도록 하여, 고아 얼룩말들이 따뜻한 보살핌 아래 자랄 수 있는 환경을 만들었다. 이를 통해서 '우리 제빌족은 하나다!' 라는 공동체 의식을 가질 수 있었다.

젭은 이 모든 것을 제빌의 집단 사명문의 '가치' 에 기초하여 만들었으며, '제빌족의 세부실천 계획문' 으로 완성했다.

제빌족의 세부계획문

사명 1 : 우리는 정신적으로 강인한 제빌족을 건설한다.

· 사명서 큰 소리로 읽기 (새벽과 취침 전 30분씩)

· 사자와 맹수들을 무너뜨리는 모습 상상하기 (하루 30분씩)

· 긍정적인 생각과 말의 생활화

· 감사하는 마음의 생활화

사명 2 : 우리는 강인한 체력을 소유한다.

· 야자나무 줄기 매달고 달리기 (역할별)

· 뒷다리 근육 단련 훈련 (역할별)

· 목 근력 강화 훈련 (역할별)

· 순발력 강화를 위해 단기구간 반복 훈련 (역할별)

사명 3 : 우리는 서로 아끼며 도우는 따뜻한 제빌족을 건설한다.

· 맹수 조기경보 및 방어 시스템 확립

· 집단양육 시스템 정착 및 법제화

올리버 웬델 홈스는 '어디에 있느냐는 중요하지 않다. 어디로 가고 있느냐가 중요하다'고 말했다. 자신의 위치를 바로 알고, 마음을 잘 다스려 목표한 바를 이루기 위해서는 많은 노력이 필요하다. 이때 자신을 목표에 더 가깝게 이끌어주는 방법으로 '마인드 컨트롤'을 활용하는 것도 도움이 된다.

마인드 컨트롤의 방법은 사람마다 다르다. 자신에게 도움이 되는 글을 눈에 잘 띄는 곳에 붙여두고 틈이 날 때마다 되풀이해서 읽고 되새긴다면 자기경영을 할 수 있을 것이며, 늘 힘이 되어줄 것이다. 틈이 날 때마다 '난 할 수 있다'라고 마인드 컨트롤을 하라.

그리고 삶의 목적을 지속적으로 발전시킬 수 있는 사명서를 만들어야 한다. '나의 가치는 무엇인가?'를 깊이 생각하여 목록을 만들고, 매일 할 일들을 제시한다. 또한 주기적으로 자기사명서를 참고하여 작은 것이라도 매일 실천한다. 그러면 자기사명서는 꿈과 목표를 성취할 수 있는 기반을 닦아줄 것이다.

자신의 환경을 극복하고 성공을 이루어낸 대표적인 경우로, 미국 토크쇼의 여왕 오프라 윈프리를 들 수 있다. 오프라 윈프리는 미국을 움직이는 하나의 힘이자 막강한 브랜드이다. 불행한 어린 시절을 자신의 의지로 이겨냈고, 유색인종에 대한 편견이 존재하는 미국에서 악조건을 극복하고 당당하게 성공했다.

흑인, 뚱뚱한 몸매, 가난하고 불행했던 어린 시절 등 많은 환경적인 어려움이 그녀의 삶을 구렁텅이로 끌어내렸다. 하지만 현재 그녀는 토크쇼의 여왕이며, 영화와 TV프로그램의 제작, 출판, 인터넷 사업을 총망라한 그룹의 대표로서 불행한 자신의 처지를 성공으로 바꾼 신화를 만들어냈다.

과연 그녀의 성공 비결은 무엇일까? 다음은 오프라 윈프리의 십계명이다.

① 남들의 호감을 얻으려 애쓰지 말라.

② 앞으로 나아가기 위해 외적인 것에 의존하지 말라.

③ 일과 삶이 최대한 조화를 이루도록 노력하라.

④ 주변에 험담하는 사람들을 멀리하라.

⑤ 다른 사람들에게 친절하라.

⑥ 중독된 것들을 끊어라.

⑦ 당신에 버금가는 혹은 당신보다 나은 사람들로 주위를 채워라.

⑧ 돈 때문에 하는 일이 아니라면 돈 생각은 아예 잊어라.

⑨ 당신의 권한을 다른 사람에게 넘겨주지 말라.

⑩ 포기하지 말라.

그녀가 진행하는 토크쇼는 따뜻해서 돋보인다는 평가가 많다. 시청자와 함께 울고 웃으며, 스포트라이트를 시청자들에게 비추어주기 때문이다. 자신의 마음을 잘 다스린다면, 그녀처럼 타인에게 빛이 되는 사람이 될 수 있다.

잠재의식의 실현으로 이룬 승리

제빌족이 집단사명문을 통해 긍정적 잠재의식을 고취하고, 이와 병행하여 체력단련 훈련을 시행한 지도 세 달이 넘어가고 있었다. 비록 얼룩말에 따라서 정도의 차이는 있겠지만 조금씩 자기 자신이 변화하고 있다고 느끼고 있었다. 지금과 같은 마음으로 함께한다면, '강인하고 따사함이 있는 제빌의 건설'은 그리 멀지 않은 것만 같았다.

사라가 젭의 눈을 응시하며 말을 건넨다. 둘은 이제 서로를 높여 부르며 존중하는 소중한 인연이 되었다.

"젭! 요즘 내가 얼마나 행복한 줄 알아요?"

"사라! 나도 당신과 함께 이렇게 아침을 맞을 수 있는 지금 이 순간을 감사해요. 내가 간절히 꿈꾸던 것들이 모두 이루어진 현실이 신기할 뿐이에요."

"당신은 저뿐만 아니라 제빌의 모든 얼룩말들에게도 큰 선물이에요."

"나도 제빌의 모든 얼룩말들이 잘 따라주어서 얼마나 감사한지 몰라요. 한 가지 걱정이 되는 것은 조만간 다른 곳으로 대이동을 해야 한다는 거예요.”

“저도 그 점이 마음에 걸려요. 이곳 풀의 양은 3일 정도 버틸 수 있을 만큼밖에 안 돼요. 그래서 수개월 버틸 수 있을 만큼 양식이 넉넉한 곳으로 이동을 해야 하는데, 이동 중에 맹수들의 습격을 제일 많이 받으니 그게 걱정이에요.”

“하지만 이곳에 있는다고 해도 어차피 굶어 죽을 테니 어쩔 수 없구려.”

젭은 제빌의 모든 얼룩말들을 소집하였다.

“여러분! 모두 아시다시피 이곳에서의 식량도 곧 바닥이 납니다. 수개월에 한 번씩 있는 대이동을 해야겠습니다. 다들 아시겠지만 이동 중에 우리는 맹수들의 집중 공격 대상이 됩니다. 그래서 비록 3개월의 훈련 기간밖에 안 거쳤지만, 우리가 연습한 조기경보 및 집단방어 시스템을 가동할까 합니다. 적극 동참하여 주시기 바랍니다.”

“히이잉.”

모두들 알았다는 듯이 큰 소리로 외친다. 이동 중의 두려움은 얼룩말이라면 누구나 가지고 있다. 그것은 제빌의 얼룩말들의 내면 깊숙한 곳에서 자리잡고 있는 감정이었다.

젭은 자신을 포함한 정예군 네 마리를 선발하고, 그간 훈련 성과가 좋았던 30마리의 건장한 청년 얼룩말들을 뽑아 부족의 얼룩말들을 보호하도록 했다. 정예군은 유사시 사자들과 직접 격돌해야 하는 위험에 노출되어 있기에, 각별히 각자의 역할과 다른 얼룩말들과의 공조체제에 관해서 집중적으로 논의하였다. 그리고 출발 전날이 되었다.

"여러분! 이제 내일 출발합니다. 모두 오늘 중으로 이곳을 떠날 채비를 해주세요. 사자나 맹수의 출몰 시 간단한 공격은 정예군이 목숨을 걸고 막을 겁니다. 그리고 맹수들의 집단 공격이 있을 경우에는 정예군이 신호를 보내어 탈출 방향을 알려줄 것입니다."

젭은 침착하게 말을 이어갔다.

"탈출 방향은 동서남북의 네 마리의 얼룩말 중에서 한 마리 얼룩말이 달리는 방향입니다. 이를 신호로 30마리의 얼룩말들 중에서 열 마리는 일사분란하게 모든 얼룩말들을 이끌고 그 방향을 퇴로로 전력 질주를 하기 바랍니다. 나머지 20마리의 얼룩말들은 남아 있는 정예군 세 마리와 힘을 합하여 맹수가 접근하지 못하도록 유인책을 쓰거나, 맹수와의 집단싸움을 통하여 최대한 제빌의 얼룩말들이 안전하게 탈출할 수 있도록 돕습니다. 한 마리의 얼룩말이라도 집단행동에서 이탈할 시에는 엄벌에 처하겠습니다."

"히이잉!"

모든 얼룩말들의 얼굴에 비장함이 역력하다.

제빌족이 주로 정착하고 이동하는 활동 범위는 반경 10여 킬로미터의 비교적 짧은 거리로, 제빌족에게는 큰 행운이다. 이렇게 짧은 거리에서 이동을 반복하면서 살아갈 수 있는 이유는, 이곳이 세렝게티에서도 가장 풀이 빨리 자라고 양도 많은 비옥한 곳이기 때문이다. 그래서 하루 정도의 거리만 이동해도 또 다른 먹거리가 있는 곳에 다다를 수 있다.

반경 10여 킬로미터 안에는 제빌의 정착지가 10여 군데 정도 되는데, 한 곳에서 4개월 정도 정착한 후에 풀이 바닥나면 다른 곳으로 이동을 한다. 하지만 짧은 구간을 이동하는 중에도 한두 마리의 희생자가 생기곤 했다. 그래서 이동하기 전에는 항상 제빌족 전체에 불안과 두려움의 감정이 교차하였다.

새벽 무렵이 될 때까지 젭은 잠을 이룰 수 없었다. 제빌의 족장이 된 지 3개월여 만에 제빌의 얼룩말들을 이끌고 이동한다는 것이 여간 걱정되는 게 아니었다. 한 마리의 희생자도 나오지 않게 해달라고 간절히 기도했다.

저 멀리 세렝게티의 지평선 너머로 서서히 어둠이 걷히는 것 같다. 얼마 지나지 않아 검붉은 기운이 올라와 세렝게티의 지평선을 붉게 물들이려 한다. 그 붉은 기운을 신호로 세렝게티의 얼룩말들이 하나 둘씩 집회장소로 모이기 시작한다. 모두 모여서 평소보다 더 비장한 각오로 제빌족의 집단사명문을 외친다.

오늘 하루 안에 새로운 초원으로 이동을 해야 하기에, 젭은 전체 얼룩말들에게 다시 한 번 당부를 한다.

"오늘은 제가 이 제빌의 족장이 된 이래 가장 중요하고 위험한 하루가 될 것입니다. 오늘 안에 새로운 초원으로 이동해야 하니, 각자 이곳에서 충분한 아침식사를 한 뒤 출발하겠습니다. 다시 당부하지만 이동 중에라도 조직에서 이탈하지 말기 바랍니다. 위급한 사항이 닥쳐도 저와 정예군을 믿고 평소에 훈련했던 대로 민첩하게 움직여 주시기 바랍니다.”

이제 출발이다. 각자의 위치로 돌아가서 식사를 마치자마자, 젭이 북쪽 선두에 서서 제빌족을 이끌고 이동한다. 이동 중에도 긴장감을 늦추지 않고 주변을 살피며 걷는다. 청각, 시각, 후각을 모두 동원하여 맹수의 접근을 살피느라 여념이 없다.

벌써 몇 시간을 걸었을까? 태양신이 막 지평선 위로 완전한 모습을 드러냈을 때 출발했는데, 벌써 중천에 떠 있다. 젭은 심한 갈증을 느꼈다. 더운 날씨 탓도 있지만 극도의 긴장감이 더해지다 보니, 평소보다 훨씬 더 목이 타는 것 같았다.

저 멀리 개울가가 보였다. 목이 마르던 찰나였기에 반가운 마음이 들었으나 한편으로는 불안했다. 사자들은 보통 얼룩말들이 물가에서 물을 마시고 있을 때 공격하는 경우가 많았다. 왜냐하면 물을 마시는 동안의 순간적인 방심을 노리기도 하고, 물소리에 묻혀서 사자가 이동하는 소리가 잘 들리지 않기 때문이다.

젭은 제빌족의 얼룩말들이 건너야 할 개울을 미리 둘러보고, 목도 축일 겸 먼저 개울가로 향했다. 개울 주위에 큰 풀들이 있어서 불안한 마음을 느끼며 조심스럽게 개울가에 다다랐다. 주위를 살펴보았다. 바람 한 점 없는 날씨에 온 세상이 정지한 듯 미동조차 없었다. 젭은 혹시나 하는 마음에 몇 번이고 주위를 살펴보고 물을 마시기 시작했다.

그때 큰 풀들 사이에는 수십 분 동안 젭을 기다리는 무언가가 있었다. 며칠째 굶주린 사자가 저 멀리서 한 무리의 얼룩말이 오는 것을 보고, 미리 수풀 사이에 숨어 있었던 것이다. 사자는 초원 최고의 사냥꾼답게 신중하게 덮쳐야 할 시기를 관찰하고 있었다.

다행히 젭의 지시에 따라서 제빌족의 얼룩말들은 젭과 300여 미터 떨어진 곳에서 휴식을 취하고 있었다. 오직 한 마리의 얼룩말만이 홀로 개울을 정찰하고 있는 젭을 뚫어져

라 바라보고 있었다. 바로 사라였다. 사라는 극도의 불안감
으로 심장이 쿵쾅쿵쾅 요동치고 있었다.

젭은 가끔씩 고개를 들어서 주위를 살펴볼 뿐 타는 목을
축이기에 여념이 없었다. 초원의 노련한 사냥꾼은 기회만 엿
보며, 젭이 물을 마시는 순간과 목을 들어 주위를 둘러보는
시간을 체크하고 있었다. 젭은 시간이 지날수록 더 방심하는
것 같았다. 처음에는 주위를 살펴보는 시간이 많더니, 이제
는 물을 마시는 시간이 점점 더 길어지고 있었다.

순간 사자의 눈에서 섬광이 번쩍이더니 총알처럼 튀어올
라왔다. 젭은 당황했다. 노련한 초원의 사냥꾼은 재빠르게
젭의 목덜미를 물었다.

큰 비명이 울렸다. 바로 사라의 비명이었다. 함께 휴식을
취하고 있던 제빌의 얼룩말들은 비명소리를 듣고서야 상황
을 파악했다. 그러나 집단사명문을 통해 강화된 내면의 잠재
의식과 체계화된 훈련 덕분에 이내 평정심을 되찾았고, 정예
군과 수컷 얼룩말들의 인솔로 조금도 흐트러지지 않고 안전
한 장소로 대피하였다. 오직 사라만이 남아 있겠다고 버티고

있었다. 정예군 중 한 마리가 사라에게 말했다.

"사라! 족장을 믿어봅시다. 족장은 그렇게 약하지 않아요. 족장 스스로도 이번 기회에 반드시 사자를 이겨야 한다는 생각을 하고 있을 겁니다. 그 모습을 제빌족의 얼룩말들에게 직접 보여줘야만 제빌에 진정한 변화가 생긴다는 것을 누구보다도 잘 알고 있어요. 사라의 마음은 충분히 이해하지만 여기 있으면 더 위험한 상황이 됩니다. 사라가 안전한 곳에 대피하는 것이 족장을 위하는 길이고 족장이 바라는 바입니다."

"젭이 바라는 바라고요?"

"오늘 새벽에 족장이 저를 따로 불러 혹시 이와 같은 상황이 발생하면, 제일 먼저 사라를 안전한 곳으로 대피시키라고 부탁했습니다. 그것이 진정으로 자기의 마음을 편하게 해주는 것임을 꼭 사라에게 말하라고 했습니다."

사라는 도저히 발길이 떨어지지 않았지만, 그렇다고 여기에 있으면 젭을 더 혼란스럽게 할 수 있다는 말을 무시할 수 없었다. 사라는 차마 떨어지지 않는 발걸음을 옮겼다. 이동 중에도 고개를 뒤로 돌려 사자에게 목덜미를 물린 젭을 계속 바라보았다. 저렇게 고통을 당하고 있는데, 자신은 안전한 곳으로 피할 뿐 젭을 도와줄 수 없다고 생각하자 한없이 서글퍼졌다. 태양신께 제발 젭이 살 수 있게 해달라고 온 마음을 다해 간절한 기도를 올렸다. 그것 말고는 할 수 있는 것이 없었다.

한편, 개울가의 사자는 밖에서 보이는 모습과는 달리 꽤 당황하였다. 비록 젭의 목을 물기는 하였으나 마치 나무껍질처럼 딱딱하게 단련된 목줄기의 힘을 느끼고 매우 당황한 것이다. 덩치가 큰 얼룩말이 걸려들었다고 좋아하며 목을 물었는데, 순간 굵은 나무껍질을 물고 있는 듯한 불쾌한 느낌이었다. 또 당황한 것은 목을 물린 얼룩말이 전혀 고통을 느끼지 않는다는 점이었다.

젭도 처음에는 사자의 갑작스런 공격과 손을 쓸 새도 없이 자기의 목을 물어뜯는 민첩함에 당황하였다. 날카로운 이빨을 보는 것만으로도 두려움이 밀려왔다.

하지만 이내 평정을 되찾았다. 비록 목덜미를 물리기는 했으나, 혹독한 훈련의 결과 때문인지 사자의 이빨이 목덜미의 핏줄까지 침범하지 못하고 나무껍질처럼 두꺼운 목 가죽만 물고 있었다. 그리고 사자의 힘은 젭이 생각했던 것보다 훨씬 미약했다. 이것은 사자의 입장에서는 보통의 얼룩말과 다르게 자기의 공격에도 마치 큰 나무처럼 끄덕도 하지 않는 괴물 같은 얼룩말을 물고 있는, 이해할 수 없는 상황을 의미했다.

탐색전은 끝났다. 젭은 내면 깊숙한 곳에서 점점 더 강한 자신감이 생겨났다. 그 짧은 순간에 라팔루 숲에서의 혹독한 훈련이 생각났다. 그리고 타우의 모습이 떠올랐다.

"젭! 너는 위대한 제빌의 족장이다. 너는 할 수 있어!"

멀리서 타우의 목소리가 들려왔다.

"히히잉!"

젭은 큰 소리로 울부짖었다. 그리고 자기의 목덜미를 물고 있는 사자의 머리를 목의 반동을 이용해서 눌렀다. 순간 사자는 당황했다. 엄청난 괴력에 도저히 손을 쓸 수가 없었다. 조금씩 밀리는가 싶더니 이내 사자의 머리가 물속에 처박혔다.

물에 처박힌 사자는 도대체 이게 어찌 된 것인지 영문을 알 수 없었다. 허겁지겁 물에서 빠져나오려 하면, 이내 큰 덩치의 얼룩말이 자기 몸 위에 올라타서 도저히 빠져나올 수 없었다. 물속에서 머리를 들어올리려 하면 강인한 다리가 몸을 눌러서 생명의 위협을 느껴야 했다.

젭은 사자를 보며 기억 저편에서 나오는 극도의 분노를 느끼고 있었다. 사자가 부모님의 몸을 갈기갈기 찢어서 물고 돌아다니던 모습이 생각났다. 젭은 분노로 코에서 뜨거운 바람을 뿜어내고 있었다.

"너를 죽일 것이다. 너희들도 죽음의 고통이 어떠한 것인지 알아야 해! 어린 나이에 부모를 잃어버린 새끼들의 고통이 무엇인지 알게 해 줄 것이다. 용서하지 않겠어!"

불 같이 이글거리는 젭의 눈빛에 사자는 두려움을 느꼈다. 하지만 움직일 수 없었다. 마치 거대한 바위가 자기의 몸통을 누르고 있는 것 같았다. 빠져나오려고 할수록 더욱 힘이 빠졌다. 물을 많이 마신 탓에 숨을 쉴 수도 없었다. 사자는 더이상 발버둥치지 않고 체념했다. 젭은 마지막 힘을 다하여 사자를 죽이려 하였다. 그의 눈에는 아무것도 보이지 않았다.

그때 불현듯 엄마인 수라의 목소리가 들렸다.

"젭! 살려주거라."

젭은 주위를 둘러보았다. 엄마의 모습이 보였다. 젭은 하소연하듯이 말했다.

"엄마! 하지만 이 녀석들이 엄마와 아버지를 죽이고, 우리 제빌의 얼룩말들을 죽였어요. 부모를 잃은 가엾은 새끼들의 고통을 엄마도 알잖아요."

"그래, 아가야, 엄마도 알고 있다. 하지만 죽음으로 응대하는 것은 옳지 않아. 죽음은 또 다른 죽음을 부를 뿐이다. 큰 마음으로 용서하거라!"

수라의 환영은 그 말을 남기고 유유히 사라졌다. 젭은 큰 소리로 수라를 불렀지만 허공에 맴돌 뿐 아무것도 보이지 않았다. 젭이 방심하는 사이, 사자가 물속에서 빠져나왔다. 그리고는 도망치기 시작했다. 젭은 사자의 뒤에다 대고 큰 소리로 외쳤다.

"나는 제빌족의 위대한 족장인 젭이다. 너희들 무리에 돌아가면 전해라! 앞으로 다시는 우리 제빌족을 공격하지 말라고! 우리는 새롭게 태어났다. 제빌족의 얼룩말들을 다시 공격한다면 그때는 지금처럼 온전하게 돌아가지 못할 줄 알아라!”

사자는 열심히 도망가기 바빴다. 도망을 가면서도 자기에게 일어난 일을 도저히 믿을 수가 없었다. 한편 제빌의 얼룩말들은 큰 소리로 환호성을 지르며 젭의 이름을 연이어 외쳤다.

“히이잉! 젭! 히이잉!”

젭의 모습에서는 위대한 전사의 풍모가 넘쳐났다. 젭이 돌아오는 거리가 가까워질수록 얼룩말들의 환호성도 크게 울렸다. 그 환호성은 그동안 사자들의 밥으로 살아야 했던 자기들의 운명을 스스로 끊어버리겠다는 다짐과도 같았다. 젭은 이번 사자와의 결투를 통하여 자신의 생각을 좀 더 확고히 펼쳐나갈 수 있게 되었다.

젭은 돌아오자마자 아무 말 없이 사라를 꼭 안아주었다. 제빌의 모든 얼룩말들은 젭과 사라의 주위를 겹겹이 에워싸기 시작했다. 젭은 사랑스런 제빌의 얼룩말들을 둘러보며 자신감 넘치는 표정으로 말을 건넨다.

"여러분! 오늘은 사자의 먹이로 살 수밖에 없었던 제빌의 모든 얼룩말들의 운명을 스스로 끊어버리는 중요한 날입니다. 또한 맹수들에 대한 두려움을 자신감으로 바꾸는 의미 있는 날입니다. 세상을 향해 제빌족의 위대함을 큰 소리로 외칩시다."

자신감과 울분이 한데 섞인 함성이 세렝게티의 초원을 쩌렁쩌렁하게 울린다. 모두가 불가능하리라 생각했던 일을 제빌의 위대한 족장인 젭이 해낸 것이다.

젭은 승리의 환호성 속에서 타우를 생각했다. 좋은 멘토 덕분에 내면에 뿌리 깊게 박혀 있었던 사자에 대한 두려움을 '사명문'의 마법으로 풀 수 있었다. 정신수련의 근간이 된 사명문을 통해 '긍정적이고 도전적인 자신감'을 가졌기에 승리가 가능했다.

오늘의 승리로 인해 자신감의 잠재의식이 제빌족의 모든 얼룩말들에게 각인되었다. 큰 함성 속에서 젭은 느낄 수 있었다.

제빌의 위대한 족장인 젭과 제빌족의 이야기는 이제 세링 게티의 전설이 되었다. 그리고 강한 제빌족 건설을 위한 젭의 도전은 오늘도 계속 이어지고 있다.

인간의 감정은 크게 기쁨, 분노, 즐거움, 슬픔, 걱정, 놀람, 공포 등 일곱 가지로 분류할 수 있다.

이 중에서 '분노'는 가장 마인드 컨트롤이 필요한 감정이다. 분노의 감정이 폭발하면 일을 그르칠 수 있고, 또 다른 문제를 불러올 수도 있으므로 항상 긍정적으로 다스릴 수 있어야 한다.

앞에서 운동선수들의 '마인드 컨트롤'에 해대 말한 바 있다. 상대선수와의 심리전에서 위축되지 않도록 자신과의 싸움을 하는 것이다. 또한 마인드 컨트롤은 집중력이 크게 향상되고, 긴장과 이완을 적절히 조절하면서 침착하고 편한 상태를 유지하게 한다. 이런 사례는 비단 운동선수뿐만 아니라 직장인, 학생, 사업가 등 다양한 분야의 사람들에게 적용할 수 있다.

실수에 대한 두려움을 떨치고 '나는 잘 할 수 있다!'는 긍정적인 마인드를 갖는 것이 중요하다. 육체이완과 정신이완을 충분히 하면 심신의 안정을 통해 마인드 컨트롤이 효과적으로 이루어질 수 있게 되는 것이다.

마인드 컨트롤에서는 '프로그래밍(Programming)'과 '조건화(Conditioning)'를 통해 긴장이완 훈련을 실시한다. 여기서 '프로그래밍'이란 바라는 대로 결과가 나타나도록 마음을 쓰는 것으로, 믿음을 갖는 것을 의미한다. '조건화'는 자동적으로 어떤 반응이 나오도록 반복을 통하여 길들이는 것을 말한다.

로버트 L. 스티븐은 '희망에 부푼 여행길이 목적지에 도달했을 때보다 낫듯이 진정한 성공의 가치는 노력하는 과정에 있다'고 하였다. 진정한 성공의 과정을 즐기며 신념을 가지는 것이 무엇보다 중요하다.

내가 원하는 것이 무엇인지 제대로 알아야 성취하고자 하는 힘이 생겨난다. 긍정적으로 자신을 일깨우며 가치 있는 성공을 이루도록 노력하자.

Epilogue

　많은 사람들이 성공을 꿈꾼다. 하지만 성공의 인생을 향유하는 사람은 전체의 1% 미만이다. 여러 가지 이유가 있지만 대부분의 사람들이 말하는 성공은 피상적이며 비현실적인 것도 그 이유 중 하나이다.

　성공과 꿈의 성취에 관해서 저자가 좋아하는 명구가 있다. '진정 내가 원하는 것이 무엇인지를 알고, 원하는 것을 가질 만한 가치가 있는 존재임을 인정하고, 그것을 끊임없이 반복하여 간절히 원하면 반드시 얻을 수 있다!' 는 것이다.

　하지만 우리 주위의 많은 사람들은 '나에게 있어서 성공은 무엇인가?' '간절히 원하는 꿈은 무엇인가?' 에 대한 정의 없이 막연히 성공을 꿈꾼다. 그리고 멋진 주택, 외제차, 돈, 이런 것들로 너무 쉽게 자기의 성공을 정의한다.

하지만 물질적인 가치로 성공을 정의할 만큼 우리의 인생은 단순하지 않다. 성공에 대한 피상적인 정의로는 성공을 향한 간절함과 꾸준한 열정을 이끌어내기 힘들다.

더욱이 대부분의 사람들은 '내가 진정으로 원하는 것'과 '나에게 맞는 꿈'을 제대로 정의했더라도, '나는 진정으로 원하는 것을 가질 만한 가치가 있는 존재인가?'라는 물음에는 부정적인 대답을 하는 경우가 많다.

성공에 관한 심리학적 접근 방법에서 이러한 질문은 대단히 중요하다. 성공하지 못하는 99% 사람들의 가장 큰 장애물이, 바로 어릴 적부터 형성된 자아의 부정적 잠재의식이라는 사실은 우리에게 시사하는 바가 크다.

성공으로 가는 길은 순탄하지 않으며, 수많은 장애물과 시련이 도사리고 있다. 이 시련과 장애물을 어떻게 이겨내느냐에 따라 성공과 실패가 갈린다. 그리고 이러한 선택의 순간을 좌우하는 것이 바로 우리에게 형성되어진 잠재의식이다. 결국 어릴 적부터 형성되어 온 잠재의식의 역할이 매우 중요한 것이다.

Epilogue

젭의 이야기는 '긍정적 잠재의식의 위대함' 에 대한 이야기다. 저자가 성공과 자기계발에 대해 관심을 가지고 연구하는 과정에서 '성공하기 위해서 무엇이 가장 중요한가?' 라는 것은 큰 화두였고, 그 대답으로 '긍정적 잠재의식' 을 손꼽게 되었다. 그리고 '어떻게 하면 이것을 독자들에게 쉽게 전달할 수 있을까?' 고민하던 중에 우연히 '사자를 익사시키려 한 얼룩말 이야기' 를 접하게 된 것이다.

그 순간 얼룩말의 입장이 되어보았다. 평생을 사자의 밥으로 지내야 할 운명을 가지고 태어난 얼룩말의 입장에서 사자에게 덤빈다는 것은, 얼룩말의 세계에서는 일종의 반란과도 같은 것이다. 이것은 '나는 사자의 밥이 될 운명이다' 라는 패배적 잠재의식에서, '나는 내 생명을 지키기 위해서 사자와 맞서 싸울 것이다!' 라는 긍정적이고 도전적인 잠재의식의 변화 없이는 불가능한 것이다.

어찌 보면 '사자' 는 급변하는 환경, 성공을 가로막는 방해요소에 비유될 수 있다. 성공을 꿈꾸는 대부분의 사람들은 결정적인 순간에 막강한 사자 앞에 쉽게 무릎을 꿇어버린다.

따라서 험악한 사자에게 맞서기 위해서는 내면의 '긍정적인 잠재의식'을 키워야 한다.

얼룩말 젭은 '긍정적인 사명문'을 통해서 적극적이고 자신감 있는 잠재의식을 고양하고, '드림리스트'를 통해서 결국 원하는 꿈을 이루었다. 젭처럼 우리도 개인의 사명문과 드림리스트를 긍정적인 잠재의식을 고취하고 원하는 꿈을 이루는 도구로 활용할 수 있다.

이 이야기의 궁극적인 교훈은 바로 '실천'이다. 저자는 이 이야기가 단지 재미있는 우화나 자극을 주는 교훈만으로 끝나기를 원하지 않는다. 성공의 가장 중요한 요소인 '긍정적 잠재의식'을 고양하기 위해 사명문을 만들고, 매일 즐거운 상상을 반복하여 자기만의 꿈과 성공을 이루는 데 조금이나마 도움이 되길 바란다.

진정 '나' 다운 모습으로 세상과 맞서라!